單親
教我活出自己的樣子

Jenny Yu 珍妮游——著

大大國際

and achievements but by following Jenny's journey to financial stability and autonomy, we realize, opportunities are there if you are willing to step out from your comfort zone, work smart and know your limits.

God helps those who help themselves. Jenny certainly recognized when the opportunities appeared and made the best out of the challenges and opportunities that came across her life. I am glad she has written this book to tell her story. Jenny's life story is an inspiration to women of the future.

Her drive to succeed is inspirational to women young and old alike.

By:Mayumi Izuno Hu

Taipei International Women's Club, President
Skal international Advocacy and Global Partnerships Sustainability Subcommittee Co-Chair
Earth Peace Ambassador

Life by itself is an adventure

From a humble beginning to a successful young woman in her 30s, accumulating millions in assets, properties and achieving financial independence as a happy single mother.

Jenny lives the life that she earned with her hard work and determination. She is beautiful inside and out. Who would not want to be Jenny? This book can be an inspiration to many young girls, especially to those who feel that to rise a family and accumulate wealth successfully, one needs to sacrifice your single life, your career or be born into a wealthy family.

Life by itself is an adventure, full of surprises, turns, ups and downs, disappointments, failures,

生活本身就是一場冒險

從出身平凡到成爲成功女性，三十多歲積累了數百萬的資產，並以一個幸福的單身母親姿態實現了財務獨立。

Jenny透過努力和決心所贏得的生活。內外兼具的美麗，誰不想成爲Jenny呢？這本書可以激勵許多年輕女孩，特別是那些認爲要建立家庭並成功積累財富，是需要犧牲單身生活、事業或必須出生在富裕家庭的人。

生活本身就是一場冒險，充滿了驚喜、轉折、起起落落、失望、失敗和成就，但透過Jenny財務穩定和自主之旅，我們意識到，如果願意走出舒適區，聰明地工作並瞭解你的極限，機會就在那裡。

推薦序 Preface

天助自助者。Jenny 知道機會何時出現，並從生活中遇到的挑戰和機遇中脫穎而出。我很高興她寫了這本書來講述她的故事。Jenny 的人生故事激勵著未來的女性。

她追求成功的衝動，鼓舞了每個階段的女性。

伊豆野眞由美
臺北國際婦女會會長
斯卡爾國際宣導和全球夥伴關係可持續發展小組委員會聯合主席
地球和平大使

完全是一個可以獨立自主的現代女性

我認識Jenny之初，應該是在一次唱片錄音室裡面，那時候她是助理，我還在想說……哇，怎麼會有這麼漂亮的助理！當下很羨慕那個雇用她的老闆，之後可能就一兩次在唱片合作案裡面有看到她，也就沒有什麼聯絡了，一直到有一天在FB上看到Jenny的出現，就很開心地加爲朋友了。

幾次的聊天中，漸漸認識了Jenny這個人，很驚訝這麼年輕的小女生可以對於理財的觀念這麼清楚，我看我自己是一個完全不會理財的人，活了這麼大把年紀也沒有存點什麼，買個什麼房子的，哈哈！但是看著她這麼會理財其實心裡還蠻羨慕的，之後也漸漸了解她想要投入許多公益事業，我覺得更不可思議，尤其在她有了一個可愛

推薦序 Preface

的小女兒之後，完全是一個可以獨立自主的現代女性。

之後Jenny和我討論，她想要唱一些歌可以在公益時候表演，所以我們也正著手這件事情，她希望藉由歌聲可以留下一些回憶和她的女兒，也順便可以把這些快樂的歌帶給她想要服務公益的對象，這一次她出了這本書，看了一下才認識了她的過去，我覺得這可能跟天份有關係吧！哈哈！我就不會在這麼年輕的時候，就想到理財，也沒有那種概念，但是隔行如隔山，我在我自己的音樂領域也是玩得很開心的，哈哈！

很高興能夠認識Jenny！也預祝她繼續在她的領域與和事業裡面，更能發揮影響力，也祝福她和她可愛的女兒游YoYo有更美好的母子成長和回憶。

范宗沛
吃喝玩樂的大提琴音樂人／大提琴 演奏曲 配樂
亞太、金馬、金鐘、金曲得主

轉念，就能改變命運！

我跟Jenny相遇的契機，是在二〇一六年三月節目來賓中認識的，當時看到她出色的面貌，談吐中有著不同於時下單親媽媽的眞知灼見，頓時就印象深刻了。

書本的每項內容都是Jenny一路以來的人生經歷，不說教，摒除心靈雞湯跟迷藥，她會直接教你思維如何改變及轉念，就能改變命運，從實際的案例故事中找到出路。難能可貴的是，擁有新興女性的思維，也不會刻意賣弄性別二分法，我建議男性也要拜讀一番，相互效法。如果你對本書書名有著高度的興趣，那眞的恭喜你，你已經

Lucas

開始邁向「海納百川，有容乃大」的格局了，可以從中找尋到屬於自己的人生光明路。

作者帶著一顆願意嘗試學習新事物的心，開啟斜槓人生之餘也不忘回饋社會從事公益，對於女兒也是身教大於言教，光是這些種種，就值得讀者細細品味這位充滿傳奇故事性的女子了。

Lucas
警廣金鐘金曲雙料主持人
內政部警政署警察廣播電台 節目主持人

看一個女孩怎樣蛻變成獨立、自強的女人

Emily yang

在獲得Jenny邀請幫新書寫序的第一時間，我的反應是：「妳的朋友圈裡政商名流那麼多，確定要邀我這個Nobody寫序？」Jenny回答：我是參與她每個重要時刻的朋友，所以她出書時很想邀請我寫序，從這個細節也能看出Jenny的行事風格跟別人不同，她愛跟自己喜歡的人往來、用自己喜歡的方式過生活，是個率性而活的人。

初認識Jenny 時只覺得她是一位個性直爽的漂亮模特兒，從一次次的交往中也慢慢發現：她的內心柔軟卻有強大的力量，就算面臨生活挫折、情傷，甚至意外懷孕時，在短暫的混亂過後都會審慎地直面自己的內心且接受自己，在解決難關後又能變得更豁達，尤其在寶貝YoYo 出生後，為母則強的她也從愛與接納中變得更加勇敢，還

推薦序 Preface

會跟自己的小孩互相學習、互相成長。

細節可看出人品、日久能看見人心，很開心我可以認識Jenny這個熱愛生活的朋友！

如果把這本書當成故事書看，可以看到一個女孩怎樣蛻變成獨立、自強的女人，如果把這本當成人際關係學的書籍看，也能從中學習到怎麼練就能創造幸福的好人緣體質，很推薦想追求自在人生與幸福感的女性朋友來閱讀喔！

Emily Yang
前PC HOME美學院保養版版主
千萬人氣部落客

突破困境應有的思維

醫生、律師、社工等職業的從業人員，用自己的專業幫助別人；Jenny用自己的人生經歷，做到了一樣的助人目的。

人生常遇困境，困在困境無法脫困，更是每個人都曾有的經歷。名人傳記經典提供了偉大的典範，卻鮮少能應用在常民的人生困境，而Jenny則用她不尋常的歷練，爲我們重新演繹了突破困境應有的思維。

她的精神，是一種高度、也是一種態度，現代女性更應拜讀領略，定有啟發人生的美妙收穫。

推薦序 Preface

賴正能
世新大學副校長兼教務長
世新大學公共關係暨廣告學系專任教授

福慧雙全不可多得的優秀奇女子

謝雷諾

她才華橫溢身兼多項斜槓工作，最近（2022/10/15）才榮獲廣播金鐘獎的殊榮。

以她亮麗的外表和高挑優雅的氣質走入模特兒的行業，代言多項產品，在大學沒畢業前，已經在金融業混得風生水起，而後在貴人的指導下搖身一變成爲理財達人，很快就賺到一桶金，二十五歲前已經賺到上千萬及五棟房子，可知她的智慧絕不輸她的美貌！

但是光是有錢沒有防人之心也會遇人不淑，投資媒體公司的合夥人捲款而逃，令她損失好幾千萬，她沒有自艾自怨，在度過一段痛苦自責難過的日子後，想到自己還有母親和幼小的女兒要照顧，就變得勇敢堅強，最後決定賣掉三棟房子把負債還清，她把誠信原則放在第一位令人敬佩。

她在許多貴人的支持下像鳳凰一樣浴火重生，最令人感動的是，她在十年前就開始做公益做志工，號召一批有愛心的人士，到養老院去義剪辦活動，捐贈物資給老人家，今年又正式成立「中華鳳凰展翅關懷協會」榮任理事長，擴大照顧老人，也照顧失婚女性，教導她們許多工作技能和理財知識，同時也在百忙中完成了世新大學公廣碩士的學位，成爲我的學妹，目前也是作家和美食旅遊家及理財專業演講家。

她最可貴的是，永遠帶著五歲的女兒和母親，非常孝順！六年前，她無比勇敢不畏人言懷孕成爲「單親媽媽」，並發誓要好好栽培這個可愛又漂亮的小天使。Jenny Yu滿懷愛心做公益，以及孝順母親善待女兒的善心，和優秀的人生價值觀，這是最難能可貴之處。

她出書的目的是要讓許多失婚的女性，與弱勢團體能夠得到鼓舞，勇敢地走出自己的人生。她的中心思想就是，努力充實自己，把主控權掌握在自己的手裡！

祝福她越來越成功！出書能夠大賣！給予大家更多更好的理財知識和機會，也帶領大家一起去做志工服務養老院、失婚女性及弱勢團體。

謝雷諾

世新大學副教授
世新大學董事
世新大學校友會總會名譽理事長

創造財富同時也是創造幸福

Wow! What a great book, This is a book that everyone should have and recommend their friends and family.

每個人要從書裡面學習到如何創造自由的時間，必須要先創造被動收入。讓獨立勇敢的你闖天下，擁有自己的時間，自己的選擇權以及能力去過想要的生活。如何創造財富同時也是創造幸福。

亞洲電音教父
羅百吉

羅百吉
華人電音教父

快樂的單親媽媽心臟要很強

Jenny 的心臟一定要很強吧！

經歷著未婚的單親媽媽生活，經歷著從千萬投資到負債累累，最後決定就算失戀失意也要自己生下孩子，這眞的完全是逆向操作的人生策略，Jenny走的是一條獨特的路，看著Jenny的故事，看著很長一段時間Jenny默默地在肯愛協會當志工，就讓我想起小時候的精神指標故事——《阿信》

《阿信》是八〇年代的日本電視連續劇，曾經在八十六個國家和地區放映，故事講述一個七歲的女傭如何一步步成爲八十四歲的企業

推薦序 Preface

家，如何從擺地攤到十六家連鎖店的一生。

那是二戰後百廢待舉的世界，苦難練就了《阿信》強韌的生命力，「不要拘泥於世俗的眼光看待事情」——是《阿信》的貴人——加賀屋米店的老奶奶邦子，送給她最給力的鼓勵。

不一樣的時代，一樣的考驗，能夠勇於用自己的姿勢飛翔，「不要拘泥於世俗的眼光看待事情」老奶奶邦子的話是一句老話，但能走進去的人，才能活出自己的新的人生。

蘇禾
肯愛協會秘書長

用自己喜歡的方式過生活

Jenny Yu

不要像我一樣生活；
要像你自己一樣生活。
不要做自己擅長的事情；
要做自己喜歡的事情。

出處——羅泰柱 韓國詩人

我，未婚單身媽媽，創業者，生活中柴米油鹽的壓力自己一肩扛，而生命中酸甜苦辣滋味也是一個人獨享。生活有點累、有時還挺辛苦的，不過我的人生相當精采也很開心，因爲，我一直在做自己喜歡的事情。

自序 Preface

一個有著五歲女兒的單身媽媽，二十歲時進入職場，三十歲投資累積過千萬資產；接下來，我事業失敗負債過，失戀失意、人財兩失過。走過低潮，我決定未婚生一個自己的孩子，獨自養育，獨自陪伴，一起幸福。我的人生經歷被許多人質疑，但每當看到我女兒臉上洋溢的燦爛笑容，我想，作爲一個女人，作爲一個母親，我還算是不錯的。

很久之後我才知道，原來，過自己想過的生活對很多人來說，是需要極大的勇氣，特別是女人！

小時候想當演員，卻被逼著讀書考試！

工作多年後想辭掉不喜歡的工作，卻害怕跳出舒適圈，想著還能更好嗎？

想跟男友分手，又擔心一把年紀，分了還可以找到合適的伴侶嗎？

想跟老公離婚，又怕孩子無法接受……

在同婚已經合法的年代，女人應該活得更自在、更精采、更無所畏懼，這也是我想出書的初衷，希望每一個女人，包括未來我的女兒，都能夠無懼地活出自己的人生。

轉憂成優　活出不平凡

我出生在一個簡單的小家庭，父母之外還有一個姐姐，小時候我曾跟著父親在夜市擺攤叫賣，幫母親在菜市場跑腿端菜，或許是從小就習慣跟形形色色的大人們聊天，訓練了我能言善道和察言觀色的本事。我的父母教育程度不算低，卻不太要求我們的學業成績，而是讓我們從實際經驗中，親身去體驗生活的本質，我從他們身上學到的是：「你不必太嚴肅地過日子，不用對每件事情錙銖必較，但做每件事情都要踏實認眞！」

自序 Preface

十四歲那年，父親過世了，母親一個人帶著兩個孩子，雖然生活不易，但個性積極的她，從不自卑自嘆，獨自一人扛著家庭重擔，直到我和姐姐成年有了自己的生活。這幾年，她也陸續交過幾個男朋友，但從來沒有提過想再婚，甚至從未帶過男人回家。我一直以爲她可能很享受一個人自由自在的感覺，直到自己有了女兒才慢慢了解，也許是擔心她兩個女兒被欺負，寧願自己單身，也要給我們設一個安全的堡壘。

年輕時候的我，就像普通女孩一樣，愛玩、愛漂亮，對未來沒什麼規劃，如同我的父母一樣，認認眞眞地過每一天，讀書按部就班，玩社團也全心全意，打工更是乖乖完成老闆交代的每件事。原本應該是平平無奇的人生，但在我25歲那年，開始有了大轉變：從理財得當累積了千萬資產，接著經歷幾場灑狗血般的失敗戀情，事業上也遭受詐騙，損失了一兩千萬，一度崩潰到沒辦法正常生活……而最後讓我人生重回軌道的，就是永遠不背叛我的工作。

就在我把心力完全專注在事業上時，作爲行銷業務能言善道的專長和亮眼的外型，讓我有機會進入模特兒行業；又在我以爲應該就這樣順著自己的心意，自由又孤單地過著這一生時，卻意外懷孕了！成爲一個單身媽媽或許是我這輩子做過最對的事，我總是告訴女兒：我是媽媽，也是爸爸！未來，無論我能否找到另一半，我都會努力地成爲一個好媽媽、好爸爸。

或許女孩們都有過這樣的夢想，能夠遇到一個懂妳、愛妳、珍惜妳的王子，與他攜手過一生。我不知道世上是否眞的有王子，但我確定自己不需要等待誰來保護我。在女人最重視的愛情以及事業上屢屢受挫的我，一路披荊斬棘至今，我的座右銘是——「轉憂成優」，遇到不順心的事情，唯一要做的就是找方法解決，永遠沒有比「自

自序 Preface

己解決」更有效率的處理方式，這麼做也有一個附加價值，那就是每衝破一個關卡，我彷彿又有了一種全新的能力！這本書，寫給生活中一直努力成全自己的每一個女人，也送給長大後的YoYo，一起在生命的叢林中，昂首闊步前進吧！

Ch 1

金錢自主才有資格享受自由

Ch 2

挑食、挑工作、挑男人

目錄 Contents

Ch 1

金錢自主
才有資格享受自由

二十歲的時候，當夢想與金錢、愛情與麵包擺在妳的眼前，也許妳還會猶疑不定，甚至毫不遲疑地選擇了前者；然而，爲什麼女人在三十歲、甚至四十歲後，八成以上的姐姐們，會把金錢擺在夢想的前面？姐姐們看重金錢勝於愛情和夢想，並非是覺得後面兩者都不重要了，而是我們懂得在現實生活中，擁有金錢自主的能力，妳才有機會去談純粹的愛情、追眞正的夢想。

學會做自己的搖錢樹

不要因爲任何原因而失去金錢自主的能力！

千萬要牢記這句話，這是女人成熟後的智慧，因爲歷練過後的姐姐們知道，只有金錢才能保障妳，在任何時候都不必委屈自己。

還記得國中英文課讀過的一句諺語：「God helps those who help themselves.」中文意思如同「天助自助者」，而這句話的下一句是：「自助者人恆助之」，我想無論是老天爺或是凡人，大家都喜歡能夠獨立自主，而非事事倚賴別人。所以，想當個幸福的女人，第一步請先學會金錢自主。

去感受金錢自主的快樂

我們對金錢的敏感度，很大一部分是從小培養起來的。小芬的父親是一家廣告公司主管，小時候他經常叫小芬在電視機前面，幫他統計客戶廣告出現的頻率，每看到一則客戶的廣告，他就會給小芬十塊錢，這對年幼的小芬來說，真是世上最快樂的時光之一了。可以看電視又有錢可以領，一點都不累啊！雖然還不懂得錢到底有多大用處，但看著這些錢累積得越來越多，心裡不由得開心起來。

我從小就非常愛賺錢，從幼兒園起就跟大人拿著雜誌到天橋底下擺攤，真正開始「賺錢」應該是小學二、三年級時。某一年夏天我跟著母親在市場擺攤賣冰，一支冰賣十塊錢，賣出一支媽媽就會給我一元，10%的抽佣真的是很好賺，第一天我就能從我的收入中、買一碗十五元的豆花冰犒賞自己，還可以把剩下的一些錢存在我的小豬撲滿裡；有一天，經過雜貨店，看到一些小朋友在玩戳戳樂遊戲，又讓我有了賺錢的靈感，回家後我把自己的小玩具整理出來，隔天帶了一大袋到學校舉辦抽獎遊戲，每抽一次要付我十塊錢，因爲名額有限，大家爭先恐後地跑來玩，所以我當天又有錢可以餵我的小豬了！

我喜歡賺錢，是因爲我從小就感受到金錢能帶給我的樂趣。我的父母對於孩子的教養，沒有特殊計畫或安排，只是用簡單和實際的方式，讓我們去體驗生活，並從生活中去感受各種新鮮的事情。我很感謝他們，從小就讓我擁有自己賺錢的樂趣，或許當下我對金錢的使用並沒有太多想法，但也因此體會到對金錢能夠自主決定的感覺，可以隨性花自己的錢，眞的讓人覺得既踏實又開心。

偶然會聽到一些人說，他對賺錢沒有興趣，最好是找個有錢男人或女人，當個伸手牌最好！聽起來眞的很輕鬆，但有句話說「免錢的最貴」，同樣的，我認爲：不是花自己賺的錢，付出的代價最高！

舉個例子，因爲工作性質的關係，我有機會接觸一些有錢的老闆，曾經在一場席面上聽到一個老大哥說：「很多人都說，我對我老婆很大方，其實我算得很精啦！你看我現在每個月給我老婆五萬塊，兩三年後她就失去工作能力，到時候她再也離不開我，想要維持舒適的生活，就只能乖乖聽話，這個投資難道不划算嗎？」聽聽，多麼深沉的算計啊！

女人想要嫁豪門、或釣個金龜婿當長期飯票的心態仍有，但與其花心思討好別人，不如努力充實培養自己，當自己的搖錢樹，把主控權掌握在自己手上！

我非常支持女性即使進入婚姻，無論是全職還是兼差，都要堅持保有自己的收入，即使是全職主婦，也應該跟丈夫依據家庭收入狀況，開誠布公地分配「家用」以及「自己的花用」，這並非功利，而是在現實與公平的基準上、維繫良好婚姻的方法。

無論是身爲女人或媽媽，金錢自主的養成，讓我從來不用受制於他人，活得自在又踏實！

It's worth a shot

想結婚嗎？先談談兩人的「錢景」

現代女性很聰明，決定要結婚時，比較少會把愛情放在麵包前面，但是比起確認男方有沒有財產、聘金多少等等問題，女人們更需要重視的其實是婚後的「錢景」！

想要實踐婚禮上「無論順境或是逆境、富有或貧窮、健康或疾病，都會永遠愛對方、珍惜對方⋯」的誓詞，前提不只是「愛」，而是必須在婚前確認以下這幾件事：

❶ 兩人的金錢使用習慣

極少有男女的生活習慣是完全契合的，但至少不能差異太大，金錢習慣尤其如此。一個會把多數收入拿去投資買賣的男人，和一個覺得要存錢才有安全感的女人，婚姻生活一定天天吵翻；一個講求生活品質，吃穿有一定講究的女人，遇上習慣簡單，討厭過度花費的男人，最後一定會互看不順眼。

生活與金錢習慣，到最後無論是妳配合他，或是他配合妳，心中都會有怨言，一定要找出兩人之間都能接受的平衡點，才有資格談兩人的天長地久。

❷彼此的負債與財產狀況

這是很重要、卻被大部分人忽略的事情。我有幾個朋友都是婚後才知道，對方身上有鉅額貸款，或者每個月固定要負擔家裡開銷，若是兩人財務各自獨立，倒也好辦，但一旦對方突然無法履行義務，這風險可能就直接轉到伴侶身上。

並不是告訴大家不要跟有負債的人結婚，畢竟在這個年代，誰身上沒有貸款呢？收入越高的人，背負的債務也許更難以估計。重點在於彼此是否坦誠、是否有共識如何應對。

3 婚後生活支出分配

現代社會多半是雙薪家庭，有人認爲家庭生活應該各半分配，有人覺得薪水高的要占多數，這些解決方式因人而異，最重要的是，兩人要對此事有具體的討論和共識，才能讓雙方的財務生活更穩定踏實。

4 對未來生活的目標 有具體財務規劃

許多夫妻在婚後幾年失去對彼此的熱情，越來越少溝通和交集，我都會建議他們，可以一起立下一個兩人都想要的目標，共同執行。小至換車、旅行，大至換房、退休生活該做什麼投資、什麼時間需要存到多少錢，把目標達成的方式做成具體規劃。如此一來，不僅可以提升兩人未來的生活狀態，也能創造一起努力的革命情感，一舉兩得呢！

在童話故事中，「幸福快樂」可以當作王子公主婚後的結局，但在現實生活中，這是兩人每天都要付出努力，才能維持的日子。

J語錄

女力

不管有沒有人疼妳

妳都要有能力寵愛自己

選對環境 朝著嚮往的世界邁進

人生的路上，老天爺一直在給我們各種機會，雖然我們不會知道前方的路是什麼。在我賺進人生第一桶金的時候，常被人誇我聰明、能力強，事實上，在沒有羈絆的年紀，要多方嘗試各種機會與挑戰，才能開拓眼界，錯了也有機會回頭，再往自己喜歡的方向前進。

用求知若渴的心 取代什麼都不懂的窘迫

因爲沒有羈絆，我在二十歲之前就感受自己賺錢自己花的滿足感，至今還是覺得這種感覺超棒的！大四那年，當大家還在煩惱要繼續升學還是找工作時，母親就已經幫我安排了一份兼職，並不是她對我的未來有特別期待或想法，而是她因緣際會得知，在上班的證券公司中有單位需要助理，看見升上大四的我已經沒什麼課，對畢業後的生活又沒什麼目標，直接幫我接了一份助理工作。

這份工作是證券分析師助理，當時我只是一個每天悠哉生活的學生，剛進公司，感受到辦公室忙碌緊湊的氛圍，我一點都不感到緊張，反而覺得好有趣！在網路訊息還沒有這麼發達的年代，分析師都是透過報紙獲得財經訊息，身爲助理的我，每天必須早上五點半進公司，將經濟日報和工商時報準備好，放在分析師的辦公桌上，待他們進公司看完報紙後，開始將他口述分析的盤勢，一一打字記錄，整理過後再寄給各個會員。接著，八點半前準時在電話前面嚴陣以待，準備接聽會員打進來諮詢的電話；九點開盤後，電話聲此起彼落地響起，那個年代的專業分析師，在投資人的眼中就像巨星一樣，爲了維持巨星高高在上的神祕感，我們必須擔任分析師與投資者之間的橋梁。我和同事會一面接聽會員的各種發問，迅速整理問題後，傳給坐在一旁的分析師，再把他的回覆轉達給客戶。剛開始我經常出錯，跟不上分析師的節奏，被指責的時候，我並不會感到難過或沒面子，只覺得「我就是菜鳥啊！不會就是要學嘛！」不懂就問，問一次還不懂，就問第二次，漸漸地，就越來越能掌握了，成爲分析師身邊最得力的助手。週一到週五沒課的時間，我都是在證券所隨時待命，週六、週日則是跟著分析師到各地去巡迴演講，日復一日、耳濡目染之下，無形中吸收了很多投資知識，很多朋友好奇，爲什麼我會這麼懂投資理財？其實並沒有什麼祕訣，當你整天處在那樣的環境，很多事情自然而然地就會懂了，或許會因個人吸收能力不同，進步速度會有差異，但最重要的是，你持續地前進著。

選對環境　在潛移默化中改變自己

環境對人的影響有多重要？想一想我們從小聽過孟母三遷的故事，應該就能了解一二，在我們內心還不夠強大的時候，周遭的人與環境，對我們有決定性的影響，當你希望自己成爲什麼樣的人，就把自己丟入那樣的環境，這會讓你進步最快！

在老闆察覺我的工作態度與效率後，開始慢慢地將他公司的大小事情交給我處理，小到買文具，大到採購幾十萬元的辦公室設備，都成爲我的工作內容，有的時候忙到整天上午沒辦法坐在椅子上超過三十秒，回到家後整個累癱在沙發上。白天裡，我以爲自己已經忙到無暇思考，渾然不覺公司前輩和分析師們的思考邏輯、教導會員的投資方式，都已經聽進我的耳朵，刻在我的腦海裡。畢業之前，我光打工一個月就有四萬多元的薪水，再加上自己開始試著投資理財，這些收入，不僅讓我的學生生活過得相當「富裕」，也成爲我日後寵愛自己的資本。

It's worth a shot

提升自己　需要持續練習這三件事

❶ 不怕承認錯誤

承認自己的錯誤，對成年人來說不是一件容易的事情，尤其當你的資歷越來越深，認錯的感覺，會讓人失去專業形象。我很幸運地在年輕時就感受到，承認錯誤是一件很大器的事情。記得我還是小菜鳥的時候，在一次檢討會議上，一位很資深的大前輩當眾對大家說：「很抱歉，這次的失誤，我已經告訴客戶，這是我決策上判斷錯誤，我已經想好修正的方式，這幾天要麻煩大家一起加班，把企劃重新修改。」

當下我立即明白，爲什麼她可以成爲公司成立以來最年輕的女主管，雖然平時不苟言笑，有點難親近，但遇到狀況時卻可以承擔錯誤，想辦法修補，難怪她總能獲得客戶和老闆的信任。多年後，我們都已經離開公司，再次跟她聊起這件事情對我的影響，她笑著說：「人不怕做錯，就怕不知錯！」

是的，做錯事不可怕！敢認錯，可以停止對方對你的懷疑和猜測；能補錯，可以重獲對方的信任，而最終受益者，是實力大提升的自己。

❷ 坦承接受自己的不足

「三人行，必有我師焉。」孔夫子說出這句話時，已經是當時名聞天下的學者，世上沒幾個人的學問能與他並駕齊驅，而他仍有這番言論，絕對值得我們深思。

一個白手起家，公司績效很高的年輕創業家，在跟我介紹公司產品時說：「這個產品雖然剛開始口碑不錯，但有一個重要關鍵我始終不滿意，還好最後我找到一個厲害的人幫我解決了！」所以說，眞正厲害的人，並不是他懂得有多少，而是他能比別人先看到自己的不足，並且能重視這個不足的地方，努力改善，他的成就會進步提升是必然的道路。

❸ 願意給自己更多嘗試

並不是所有的人都喜歡嘗鮮、改變，但我認爲嘗試的重點不是爲了改變現狀，因爲嘗試的「結果」有好有壞，很大成分是碰運氣，但嘗試的「過程」，對自己的能力和見識絕對是有正向的進步。

沒有人會不希望自己的能力變得更好，如果以提升自己當作目的，嘗試新事物、接受新挑戰，絕對是最直接的方式，而且你知道嗎？職場上「嘗試」的機會，是會隨著你的年齡越來越少的，現在開始就勇於接受挑戰吧！

J語錄

投資理財

真正靠得住的，是存摺裡的數字和養活自己的能力。

理財吧　你的人生才會自由

著名的哲學家康德有一句名言：「眞正的自由不是你想做什麼就做什麼，而是你不想做什麼就不做什麼。」這句話套用在理財上，我會說：「理財的目的不是讓你想怎樣就怎樣，而是你不想做什麼就不做什麼。」這確實是我人生前半段的寫照，一切都歸功於我很早就懂得幫自己投資理財，創造被動收入。如果妳眞的想要早點享受自由，親愛的，理財眞的是最重要的事！

賺多少錢才能理財？

我曾經看過一篇談理財的文章，他告訴年輕人，當你錢賺得少的時候，不必急著投資理財，而是要把錢花在投資自己的腦袋，等到自己有能力創造更多收入的時候，再來談理財。以我而言，我並不認爲一定要賺到多少錢才能理財，理財的第一步應該是設定目標，因爲有了目標才有存錢的動力，你才會更進一步去思考什麼是想要的，什麼又是你眞正需要的；其次，理財投資管道太多了，只要你願意，一定可以找到當下符合你能力的投資方式。

在我開始賺錢有了積蓄之後，第一件事情就是幫自己買一份保險。隨著薪水的增加，陸續接觸過儲蓄險、美金定存、股票(台股／美股)、黃金、基金，等到資產累積足夠後，才開始著手外匯、期貨，房地產。目前我手上的房子，就是這樣一步步、聚沙成塔累積而來的。

投資理財界有一個小資族投資333原則，我認爲非常適合理財新手們：將你的薪水分成三等份，分別用在生活開銷、儲蓄、投資，當然分配的比例還是要依照個人情況而定，假設你固定的生活花費就是比較高（學貸或家庭開支），那麼就降低儲蓄或投資比例，只是累積的時間慢一點，但只要願意做就是有機會。現在我的理財分配，除了原本的生活開銷、儲蓄、投資之外，又加了公益一項，讓我的收入多了更有意義的運用。

關於理財，有一點是非常重要的，那就是，你一定要思考什麼方式才是最適合自己的，千萬不要光聽別人說，完全不在乎自己的資產，因爲你的未來，就是從現在的每一個決定架構而成的。

我自己的第一份保單，是因爲朋友的人情而買的，當時雖然年輕，但我很有自己的想法，並沒有一開始就依照對方的建議投保，而是把保單仔仔細細看了一遍、了解裡面的內容後，才選擇適合自己的投保項目，那是一張儲蓄險加部份醫療險的保單，我一直覺得投資型保單是一項不太划算的投資，首先保單的利率非常少，如果再扣掉通膨，其實我覺得獲利效果很差，當時除了是人情之外，我把它當成資產規劃中的其中一環，如果有一些目前還不會動用到的閒錢，是可以拿來做長期規劃的，尤其是其他投資如果波段大，有可能會蝕到本金時，所以有一些長期低利、但穩健的投資也是需要的。

此外，我也曾經跟風，買了美元現鈔存銀行，也就是因爲沒有思考買在高點，七年之後，不但沒有賺錢還賠了一些，但是這部分我並沒有把它認賠贖回，反而是往後的日子，在我出國時才領出來，然後開心用力地把它花掉；多年後再次進入外匯市場，我仍是選擇美元，畢竟它是強勢貨幣，世界各地通用，在各類投資中相對保險。

有了之前的教訓，這次選在相對低點進場，等了好一陣子果然低迷許久的美元開始上漲，我跟媽媽也小賺了一筆。

如果你已經萌生理財的想法，卻仍不知從何開始，我建議你可以這樣做：

一、訂下你投資理財的目標

明白自己投資理財的目的很重要，很多人在追求財富的過程半途而廢，多數的原因是，他們不知道自己累積財富的最終目的是什麼？甚至有些人賺到錢後依然迷惘。爲了買一台跑車、一棟房子、每年可以出國去玩、甚至五十歲退休……無論你的目的是什麼，請在投資理財前，先找出你的答案。

二、了解自己的屬性 選擇適當工具

所有的投資人到銀行或券商開戶做投資前，都會被要求做KYC 投資屬性分析(Know Your Customer)，透過一些簡單的問答，可以幫助你評估財務狀況，與可承擔投資風險的程度，這也是目前金融機構評估客人風險屬性的最主要方法。不過，有時候銀行行員爲了想把高風險商品推薦給你，會建議你把風險屬性等級做高，這時你就要自己評估，是否眞能承受這麼高的風險？

三、認眞研究 不要只聽別人說

當你開始做投資的時候，可能會聽到一些所謂的「名牌」，你可以多聽聽看，但聽完之後一定要自己研究。我自己投資每一檔股票時，除了研究這支股票的基本面和技術面外，對於這家企業的負責人也會做點功課，因爲我認爲企業老闆的人品，與一間企業的成長息息相關。

會有這樣的想法是因爲，我曾因某企業的員工，告訴我一支絕對會賺錢的股票，我很認眞地去研究後發現，這家企業老闆曾經炒作過一檔股票並且還下市了，雖然心中已經有疑慮，但當時經驗不足的我，仍抱著投機的心態，把錢投進去，這支股票在幾天內小漲了一兩塊，還沒來得及開心，股價突然就開始直直下滑，我認賠殺出後，已經損失了一半的本金，自此，我不僅不再相信他人所說的小道消息，也更加深我對企業負責人品格的重視。

做不專業的投資 代價是最慘痛的

二十五歲那年，我經歷人生第一次慘痛的失戀，走出傷痛之後我回到證券業，期待在事業上重拾自信心。當時一位空降的業務主管，看中了我靈活的交際特質，爲了拉攏人脈，不只傳授我許多寶貴的經驗，還給了我很多業務機會，在狼虎環伺的金融界，能夠遇到一位前輩引路，是十分幸運的，當然我也不負所望，一天超過十二個小時拼命工作，卽使離開公司，一樣照接客戶電話，業績直直上升，很快的，我也成爲一個團隊的主管，月收入翻倍成長，三年之內在台北市買了五間房子！

有多少女生可以在三十歲前，憑著自己的能力，在台北市賺到五間房子呢？這樣的成績，我不能不對自己的能力感到驕傲又得意。一段時間後，我在朋友的鼓勵下投資了多媒體版權公司，少年得志的心態，讓我忘記隔行如隔山的道理，總認爲自己眼光精準，只要敢拼、敢衝，就能無往不利。憑著自己資本雄厚，花錢十分大方，爲了爭取客戶，我可以每個月砸五、六十萬做公關，別人送一個公關品，我就送兩個。萬萬沒想到的是，投資商品眼光向來精準的我，看人的眼光卻極差，就在我以爲公司業績即將蒸蒸日上的時候，找我投資的朋友卻捲款潛逃了，一夕之間音訊全無。

合夥人落跑時，我的事業也隨之結束，在沒有收入的情況下，看著滿滿的帳單和法院傳票，我幾乎想從自家陽台往下跳，把各種自我了斷的方法想過一輪之後，我發現我一個都不敢嘗試，最後，我硬著頭皮賣掉三間房子去還債。

沒風險就沒利潤，但不要冒不可測的風險！在證券業，我花了大量的心血研究各種投資商品，並和客戶徹夜溝通，所賺的每一分錢，都是一點一滴的知識和經驗累積而來的，縱使偶有賠錢，也都能在我的預料掌控範圍內。這次的失利，最主要的就是我讓自己陷入了一個完全外行的環境，且不說經營竅門，我連多媒體業的基本面向都是懵懵懂懂，單憑簡單的信任，就賭上了自己的身家，當然得受點教訓，只是這個教訓實在是太慘痛、太貴了。

從千萬身家落到只剩下兩間房子，或許生活還有餘裕，但心態上已漸趨保守，加上身邊有母親和女兒要照顧，我不敢再像從前一樣看準了就衝。現在我的投資理財變得謹慎且專注，只有自己專業領域能夠評估的項目，才能成爲我的投資標的，當然這一切都是經歷過慘痛教訓的結果。

J語錄

關於投資

雖然沒風險就沒利潤，
但千萬不要冒不可測的風險。
即使賠錢，也要在
你可以承擔的範圍之中。

Ch 2

挑食、挑工作
挑男人

有人說，人生就像一段單程的火車之旅，不同的站口，有不同的人上車下車，就如同生命中，有人前來陪著你走過這一段路，也有人在某個時間下車，離開了你，有些路段，你甚至要自己一個人孤單地走過。也因爲這是一趟珍貴的單程旅途，我希望自己是這輛生命列車的司機，能夠決定讓誰上車，也有智慧讓不對的人提早下車。

定期檢視自己的朋友清單

年輕的時候交朋友很單純，總是遇到誰就是誰，可以一起玩的就一起玩，合不來的，自然會漸行漸遠。年紀越長之後，越覺得時間寶貴，多給外界一些設限，就能多給自己一些思考的空間，把最好的時光留給值得的人。過去有一個長輩告訴我：「你可以每三年檢視一下自己身邊的人事物，如果你的朋友、客戶或生活模式都沒有變動，表示你人生一點長進都沒有。」

無論多深的感情，只要一離開相同的時空環境，閱歷和價值觀就會產生變化。過去，當我發現自己和朋友的關係開始變質時，總會覺得焦慮、或急於想做些什麼彌補兩人的關係；但隨著年紀增長後漸漸發現，其實，我們不必急於維持每一段關係，只要你眞心以待，朋友會留的就是會留，而離開那些人，並非誰對誰錯，就只是彼此價值觀不同，分開比在一起快樂罷了。

你的眞心在別人的眼中是什麼？

學生時期因爲打工收入比一般同學多，出去玩的時候，很自然會多付一些錢，也經常請客吃飯，我以爲這是一種出於善意的舉動，卻不知道在某些人眼中，未必是這樣的想法。畢業後雖然大家各奔東西，但平時常在一起的朋友，仍然會找機會出來聚餐吃飯。某次聚會的時候，一個好朋友缺席，聽說他找工作並不是很順利，我提到自己下週會跟他碰面吃飯，在場的一個朋友突然語重心長地跟我說：「其實妳不要跟他走得太近，妳一定不知道，每次只有妳在的場合，他才會出現，因爲他知道妳會幫大家買單。」當下聽起來有點不是滋味，但我並沒有因此而取消原先的約會，時間一到，還是依約和他吃飯。

那晚，我搭車到他指定的一棟大樓碰面，正納悶這附近開了什麼好餐廳，一定要約這邊時，看見他笑容滿面地走過來，簡單地寒暄幾句，就直接把我往大樓內拉，進入之後，才發現那是一個直銷場合，幾個人圍著我說了一晚上，但就算是看在朋友的面子，我也沒辦法買單，因爲他們推銷我的，是一個近十萬塊的馬桶啊！

因爲沒有買下近十萬的馬桶，之後他就再也不跟我聯絡了。這件事也讓我開始思考，自己身邊都是什麼樣的朋友，以及在別人眼中我是什麼樣的人。

把時間留給值得的人

在我開始過濾朋友時，首先刪除一些只在唱歌跳舞、吃飯出遊場合出現的朋友，令我非常驚訝的是，刪除這些人之後，我的手機名單上，除了工作往來的客戶外，留下來的人數竟然沒幾個！這時才眞正知道，在我自以爲充實有趣的下班時光，其實正在虛度我的時間和金錢。

之前聽過一位前輩說，大概每隔半年就要整理自己的名片，否則抽屜中會浪費太多無謂的空間、放不必要的名片，如果一個成功的人，連抽屜的空間都這麼珍惜，我又怎麼能讓人生的空間，浪費在不必要的人身上呢？那陣子，我幾乎只接工作和幾個留在清單中朋友的電話，我不敢說過濾朋友之後，自己就會變得多麼優秀或了不起，但生活變得平靜且踏實，卻是我的意外收穫。

檢視一下你的朋友清單，把時間留給值得的人。

It's worth a shot

降低人際負擔的三個方法

「一切煩惱都來自於人際關係」是心理學大師阿德勒的名言，想要過順心的生活，除了得先學著堅定自己的心智不輕易受他人影響，也要學著不過度干涉他人。我自認是一個正向樂觀的人，但要做到心情不受他人影響，也是開始做了以下的調整之後，才慢慢有所改變。

❶ 不對別人抱持期待

付出就應該有收穫，在職場或商場、這種講求實際效率的場域，都不見得是百分百的定律，更何況是多變的人心呢？

經歷幾次友情和愛情的失敗，我並沒有停止自己對別人的付出，只是調整了我的心態。當我對一個人好，是因爲我認爲他值得，至於對方會不會回應我、有沒有給我對等的回饋？這些都不重要；重要的是，在我付出的過程中，我已經享受到給予的快樂。這樣的心念一轉，我發現過去許多深埋心裡、視而不見的痛苦，逐漸地被解開。我不再因爲過去的識人不清而自我責備，也不會花時間去恨那些傷我的人，當你能更愉快坦然地接受自己，幸福感當然也會增加。

❷ 不干涉他人 尊重別人也尊重自己

你一定認識某些長輩，他們總是熱情大方、侃侃而談，而且樂於付出和分享，但相處久了，卻發現對方總會以「我是爲你好」的方式，開始對你提點、建議，甚至批評。別以爲只有被他點名的人會感到困擾，這個愛對人指手畫腳的長輩，可能在夜深人靜時，還在思索著別人問題，苦惱著要怎麼「幫助別人」呢！

我自己也會是這樣自以爲是的長輩，爲了想讓後輩進步神速，給了許多建議和機會，用心良苦的結果，卻是換來人家對我敬而遠之。有句話說得好：「求同存異」，找出兩人的共同點，並保留各自的意見，只要事情可以進展，對方能夠跟自己抵達同一個目標，人家要用跑的、還是用跳的，眞的不需要你幫他花太多心思。

❸ 嘗試拒絕那些沒那麼想去的邀請

「你不去大家會玩得不開心嘛！」、「一起去，順便介紹個大老闆給你認識！」以前的我很容易被這樣的邀約說服，即便自己已經很累，或者根本不打算出門，也會默默地起身換裝出發。但到最後你會發現，別人開不開心又不是你的責任！能不能和大人物合作，也完全取決自己專業上的實力！

在我開始拒絕那些不是那麼想去的邀約後，或許是因爲大腦和身體都有足夠的休息，我很明顯地發現，自己無論是心情或體力上都變得更好，這的確是我始料未及的收穫。

J語錄

關於朋友

界線很重要，
那是妳尊重自己的表現！
年紀越大越要懂得，
挑食、挑朋友、挑男人。

錯的人，斷捨離不必遲疑

在愛情的成績單上，我必須承認我完全不及格，而且一次比一次傷得痛徹心扉，連自己的媽媽都開玩笑說：「妳能夠每次都選到渣男，也算是中獎率超高的！」

剛入社會時，我還是一個下班後喜歡跟朋友約著去唱歌、跳舞的時髦OL，也是個敢愛、也敢玩的女孩，但我心裡有一把尺，在玩樂的場所，我是去玩不是去交朋友的，即使來搭訕的年輕帥哥是個身高一百八十公分、外型陽光、談吐風趣的人，也沒辦法拿到我的電話號碼。

韓劇的灑狗血情節 也會發生在自己身上

在一次工作場合中，認識了出社會後正式交往的男朋友，他整整大了我十歲，雖然外表完全不是我喜歡的類型，但社會歷練讓他談吐不凡，充滿成熟穩重的男性魅力。當時二十多歲的我，收入並不亞於他，但在他面前，我總是像個小女孩般地仰望、崇拜著他。當時的他，任職於一家國際整合行銷公司，他在事業上的成功表現和對人生的見解，讓我相當佩服！當他透露出有意要跟我共組家庭時，我內心十分激動，當時的傳統思維，以為進入婚姻就是得到幸福了。

然而，一段有問題的關係，終究會紙包不住火，在我還沉浸在戀愛的粉紅泡泡裡，某天下午，我竟在他車子的後車廂裡，看到一本「兒童手冊」！

手冊上的孩子和他同姓，女人的直覺告訴我，這本冊子很有問題，就算是還沒生過孩子的我也知道，這東西不應該放在一個單身男人車上。一開始，他解釋那是他弟弟小孩的手冊，當下我接受了這個說法，可日後卻忍不住開始對他疑神疑鬼，並展開一些追查，一段關係一旦出現不信任感，幾乎就是幻滅的開始。我知道自己打從心裡，就不相信他的解釋，幾次爭吵追問之後，他終於對我坦白，告訴我他曾經離過婚，而且有一個孩子！這個答案有如五雷轟頂般，粉碎了我一直編織的美好未來，他拼命地向我解釋，這段婚姻是年輕不懂事的錯誤，但當時的我沒辦法接受，自己在完全未知的情況下，跟一個離了婚、且有孩子的男人共度一生。

終於知道事情真相的我，彷彿整個靈魂被抽離身體，腦袋一片空白，一句話都說不出來，我告訴他，自己需要一點時間冷靜，請他給我幾天時間，去思考我們的未來。只是萬萬沒想到，最慘痛的事情不止於此：事發第三天後，某天回家，發現家中所有的現金都沒了，包括黃金、鑽戒等等飾品，全部憑空消失，調看門口監視器才知道，就是他趁我不在家，大剌剌地進來，拿走我家中所有的財物，並溜之大吉！

只有你能救自己出低潮

我的人生第一次走到低谷，就是這一次的失戀，因為這不是一個單純的情感背叛，而是將我的感情和金錢一次掏空，讓我完全失去對人性的信任。我不知道，自己究竟花了多長時間，才接受這個事實，這種情節放在電影裡，根本就是遇上了詐騙集團，而且是最慘的人財兩失。那是我人生第一次遇到這麼慘痛的經驗，慘到我精神完全崩潰，幾乎沒辦法正常生活，我母親甚至要帶著我求助精神科醫師。

那陣子我只要一獨處，就會開始胡思亂想、不停落淚，我試過很多方式消除心中的抑鬱感和朋友跳舞狂歡一整夜、瘋狂購物、追劇看電影……最後我發現，對我而言最有效的方式，就是旅行和學習。娛樂的當下，也許可以短暫讓我忘記煩惱，但旅行和學習時，腦袋充實的感覺，讓我久久都不會想起不愉快的事情。

有一天，我偶然得知一個朋友的表姊，因爲老公外遇得了憂鬱症，在老公正式提出離婚申請的那個晚上，企圖割腕自殺，聽到這個令人震驚的消息，加上我自己消極的日子過得累了，讓一年多來陷在失戀痛苦中的我，莫名清醒！我已經爲這個男人浪費兩年的青春和金錢，難道我要讓自己落到像朋友的表姊一樣失去生命嗎？我走到鏡子面前，看著原本聰明自信的自己，卻被一個說謊的男人，害得偏離人生軌道，其實我應該要很高興，自己能及早發現這個錯誤，還有機會恢復成原來的自己。和有意思的人談戀愛、和愛的人結婚，不被爛人糾纏一生，才是我該過的生活，不是嗎？

許多年之後，在我願意慢慢揭開這道傷口時，我才了解當時自己這麼痛苦的原因，並非是我眞的有多愛這個男人，而是一向驕傲的我，第一次全心全意相信的人，卻用這種方式讓我看淸他的眞面目，我的自尊心不允許自己犯下這種「識人不淸」的錯誤，只好騙自己，是因爲深愛著這個男人，才會這麼恨。

有人說二十多歲開始，會陸續聽到朋友結婚的消息，我們總是開心地恭喜對方找到幸福；四十多歲開始，漸漸會聽到朋友離婚的消息，我們也會恭喜對方獲得自由！很多明知現在的關係不愉快、又不願意主動斷捨離的人，都是過不去自己那一關，過不去耗費的青春、過不去付出的感情，也都只是自己拿著繩子自我綑綁。

姐妹們一定要記住，讓自己痛苦的人是自己，能自己走出來的人，
也只有自己！

J語錄

關於男人

男人送妳一些小東西，
妳都可以自己買！
妳現在該在乎的是，
在事業上能幫助妳成長，
生病時能細心地照顧妳，
平時孝敬尊重妳的父母。

這才是妳該考慮的對象！

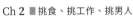

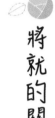

將就的關係沒有幸福

我們究竟應該要跟自己性格互補的人在一起？還是要跟價值觀相同的人相守終生？我的答案是，價值觀不同的人，未必不可以在一起，如果妳願意陪他吃他喜歡吃的滷肉飯，他也願意陪妳上妳喜愛的高級牛排館，彼此都願意「配合」對方一點點，那就會是一段快樂的關係；但如果只有一方願意妥協，那就不是配合，而是單方的「將就」了。

走出前一段失敗的戀情，我重回證券業、並把所有的心思都投入在工作上，比起談戀愛，我似乎更懂得駕馭自己的事業，只要心無旁騖地投入工作，絕對會得到應有的回報；不像愛情，就算你傾其所有的投入，都不見得會有好結果。這段時間，我單日最高業績曾經進出五十萬上下，五間房產就是在這個時候陸續買進的；但不久之後，也因爲自己的過度自信，投資一個完全不懂的媒體產業而損失慘重，就在我覺得自己運氣極差的時候，遇到了第二任男朋友。

當配合的一方 開心嗎？值得嗎？

三十五歲的我，第一次見到三十一歲的他，我已經是個在商場上經歷過大風大浪的姐姐，看著這個已經三十一歲、卻還在一間五坪不到的音樂室編織夢想的小夥子，覺得相當不切實際，但卻也對這樣的赤子之心，感到難得又可愛。經過幾次的接觸，他身上那股我完全沒有的特質，徹底吸引了我，自此，我展開了猶如寵孩子般的第二段愛情。

學音樂的他談吐優雅，經濟雖不寬裕，但家中布置井然有序且講究，每個角落都充滿著豐富的藝術氣息，而他對音樂要求完美的專業態度，讓我最爲欣賞。他擁有的一切特質，都是我過去在追求快狠準的商場上，完全沒見過的；而他唯一缺乏的金錢和機會，正是我能夠幫助他的。因爲這些差異，我們很快就互相吸引並正式交往，我心疼他住在淡水工作室的空間太小，而且每天往返台北市區，既浪費錢又耗時間，於是我主動提議讓他搬到市區跟我同住；爲了幫他增加收入，我利用自己大樓主委之便，幫他申請會議廳，讓他開課教學生；爲了幫他成就事業，我動員所有人脈爲他接活動、發包專案，幾乎是把我自己經營事業的態度，拿來經營他的人生；當我有長假，就計畫兩個人的出國旅行，歐洲、美國，食衣住行我全部買單！

相較於他自恃有才、不願低頭的個性，我則是一個很目標導向的人，一旦確定自己的目標，就會全力以赴、用盡各種方式去達成。他的專長是電影配樂，但由於台灣市場不大，能夠嶄露頭角的只有幾個大師級人物，想要出頭必須有相關人脈，我的想法很簡單，既然沒有人脈，我們就想辦法去建立人脈，我先將他的錄音寄給各大管弦樂團，主動聯繫接洽，第一次敲不開門，就敲第二次，至少要讓業界知道有這麼一號人物。

終於，在一次偶然的機會下，聽聞他的朋友，正在幫國防部示範樂隊拍攝紀錄影片，我立刻抓住這個千載難逢的機會，拜託他爲我引薦樂團指揮，我心想，一個年輕的配樂師，如果能有和國家級樂團合作的經驗，我相信這對他的資歷會有很大的提升。

最初當我提出這個想法時，他認爲我根本是不知天高地厚，認爲對音樂什麼都不懂的我，如何能說服別人採用他的音樂，笑我別白費工夫，一向不服輸的我卻自信地告訴他：「我不懂音樂，但我懂得如何說服人！」剛開始，我也只想讓男友有機會去執行樂團的配樂，幾次的討論後，樂隊大隊長竟然同意在國家音樂廳演奏他的曲子，這個結果，遠遠超乎他原本的想像！

多年的經驗告訴我，能夠打動人心的，往往是一件事的價值夠不夠感動對方，我研究了一些資料，發現國防部樂隊演奏的曲目，向來都是國外曲子，我認爲，作爲一個台灣樂團，如果能夠在國家音樂廳、演奏一首由台灣人做的音樂，那將是史無前例、並且令人驕傲的創舉，除了這個說法，我也極力說服，在求新求變的年代，他的創作充滿朝氣與創新，許多企業和國家單位，都開始引進年輕一輩的想法，藉此提高品牌的活力，這個合作對彼此都是雙贏。

賓果！我的提案受到幾位長官的讚賞，他們接受了我男朋友的音樂，並決定要在國家音樂廳演奏，接下來我也自掏腰包，請專業攝影師一起到場爲樂團、也是爲他拍攝一部紀錄片。認識我們的朋友，看了這部影片，無不佩服我們的小小成就，有了這個成功的案例，我回去找到之前曾邀請我們進行專題演講的大學系所，推薦他到實踐大學音樂系授課，爲他爭取到一年兼任講師的資格。

當時我自信滿滿地認爲，他的事業就是我的事業，他用心在他的專業，而我則是背後最強大的推手，無論是夫唱婦隨、還是婦唱夫隨，我們都是最好的搭檔。隨著他事業越來越成功，我卻越來越感受到他對我的不重視，當熱戀的感覺結束，我也漸漸地看到，兩個人在這段關係中不對等的付出。

爲了他要做音樂，我可以花十幾萬元買一套電腦設備送給他；但當我們一起逛夜市吃飯，他卻連幾百塊都付得很勉強。在他居無定所的時候，我不收分毫讓他住在我家；但當他開始有收入後，也從未提及要跟我共同分攤家用。我能夠爲他的事業在烈日下洽談奔走；但當我的研究所PPT作業搞不定時，他卻不願意花一點時間替我解決問題。

種種不平等的待遇，讓我們的爭吵越來越嚴重，在職場上一向口齒伶俐的我，卻每每在二人的爭執中占下風，有句話說：「不愛了，看什麼都是缺點。」他認爲我在事業上的表現太過強勢，讓他壓力很大，日子久了，他開始不忌諱地對我大肆批評：首先是我的外表，我從認識他之前，就喜歡幹練、性感的打扮，一方面因爲我是怕熱、容易過敏的體質，不喜歡太包覆身體的衣服，這讓他覺得我打扮得很沒有教養；其次，他開始認爲我太會花錢，這樣的消費習慣，不適合進入家庭。最後，讓我徹底絕望的一件事情，是我發現他變更公司登記時，負責人是他母親的名字，而不是對他事業幫助最多的我。

傾聽自己內心最眞實的聲音

有人把買股票比喻成選老公，評估基本面，看準好股、逢低買進，有趣的是，我看股的眼光很精準，選男人卻次次挑到壞股，這次更傻的是，明明看到他的績效表現不佳，捨不得放手就算了，還持續買進，撐到最後，還是只得認賠殺出。對這段感情，我自問毫無保留地付出，走到最後一步的時候，我也曾經哭著求他，可不可以不要這樣對我？我很希望可以跟他擁有一個家庭，只是，在一個已經對你無心的人面前，再多的眼淚都是浪費。

在外人的眼中，總以爲這段女大男小的關係，是女方強勢得多，但事實上，我只是比較會賺錢罷了，他比我年輕、比我有學識，爲了配得上他，我努力考進世新大學研究所，也聽從他的建議，改變自己的穿著。雖然我配合著他改變自己，卻經常因爲心裡不愉快而發脾氣吵架，每每爭吵過後，總會檢討自己是不是態度過於強勢，現在才知道，那是心裡那個不願意被委屈的自己在吶喊。

曾經聽過這麼一個故事：女孩出席一場相親宴後，還沒到家，就接到介紹人的電話，表示對方已經拒絕再跟她碰面，原因是她的穿著打扮太漂亮，點菜都點貴的吃，男方感覺這個女孩的問題很多，不是一個適合交往的對象。女孩聽完之後，一點也不以爲意，她化妝，是爲了表示自己對這場見面的重視，身上的衣服，是自己平常穿的牌子，點菜也是點自己喜歡吃的東西，她有能力滿足自己想要的生活，在另一個男人眼中，怎麼就是個問題了呢？

是的，過去的女人被迫依附著男人，無法自主，爲什麼到了這個年代，做一個有能力滿足自己生活所需的女人，依然得受到沒啥本事的男人批評呢？

在我結束這段戀情之後，雖然心裡又痛又傷心的、一個人過了好一陣子，不過，可以回復到自己喜歡的生活方式，不用擔心對方的眼光、買自己想要的東西，不必配合他的自尊、上自己喜歡的餐廳，確實讓心裡有一種解放的舒適感。一段關係，如果其中有一方是將就的，單身眞的會比較幸福。

It's worth a shot

杜絕渣男 妳要學會：

❶ 肯定自己的需求 明確告知對方

喜歡一個人的時候，會想要取悅對方，是一個很正常的想法，但當妳一心想要迎合對方前，不要把自己的需求拋諸腦後，這裡說的，並不要求對方要滿足妳的需求，而是妳自我滿足的能力。簡單來說，原本計畫週五晚上在家看電影、喝點小酒，當對方來電，希望妳可以一起出門跟朋友唱歌喝酒，妳會怎麼做？

很簡單！覺得想去就去，若想依照原定計畫待在家裡的，就明確告知對方！不用因爲怕對方不開心，就犧牲自己的需求，愛妳的人會尊重妳的決定，不會在小事情上爲難妳。順道一提，一個總是能明確表明想法的女性，會讓不擅猜測女性的男人感到輕鬆，並且更能給予尊重。

❷與其把時間浪費在改變別人 不如花時間讓自己更好

我相信每位女性在遇到渣男的時候，心中或多或少會響起一點點的警報聲，但經常因爲自己信心不足、耳根子太軟，或過度自信地以爲自己可以改變對方，因此繼續忍受，這個讓自己不開心的人，直到耐心耗盡、才幡然醒悟那天，自己的青春都不知道浪費了多少。

愛情中，「覺得自己可以讓對方更好」的想法，似乎不吃點苦頭就不會放棄，我自己就是一個活生生的例子。過來人的經驗告訴妳，當妳把心思花在自己身上，變得更好、更優秀時，妳的眼界讓妳再也看不到，那個需要妳犧牲奉獻、才有可能更好的男人。以前男人說，不要爲了一棵樹，放棄整片森林，現代的女人要說，爬得更高，才不會把視線停留在野草上。

J語錄

關於行動

思考後立即行動，
是減少耗損最有效的方法

女人可以千變萬化 目的是為了取悅自己

你曾經試著徹頭徹尾改變自己嗎？如果你想要這麼做，這個改變的目的，一定是要爲了自己。

改變 是爲了讓自己更好

一次和前男友搭捷運的時候，有個婆婆突然對他說：「這是你女朋友嗎？你們兩個在一起，應該是你比較讓著她，很辛苦吧！」在大庭廣眾下，我不願意和一個無聊的陌生人搭話，但我心中確實覺得被冒犯了，一整天我都在思考那個婆婆講的話，雖然不開心，但我似乎可以理解她說這句話的原因。原本我就是給人精明幹練的印象，加上年紀和歷練的關係，我無論在外型、或是談吐上，都比他強勢許多，這是很自然的現象，但因爲我太喜歡他，當別人說我們兩個外型不搭時，一向自信的我，竟開始檢討自己，甚至把自己貼上強勢、賣弄外型的標籤。

爲了讓自己能夠配得上他，我試著透過雜誌和朋友的建議，開始改變自己的穿著：從短裙改成長裙，將硬挺合身的布料，換成柔軟的雪紡材質；鞋包配飾也隨著全部更新一輪後，我的外型果然煥然一新！

但，這個改變對我好不好，卻只有我自己知道。

對於反應直接、說話講求效率的我來說，要將自己改變成小女人，是需要下一番功夫的，我觀察到討喜的溫柔小女人有幾個特質：

一、話少，願意傾聽。

二、面帶微笑，保持友善的態度。

三、會撒嬌、也懂得稱讚另一半。

四、有反對意見時，不會直接說出口。

除了改變穿著，我也開始在生活中訓練自己，培養溫柔小女人的習慣。一段時間過後，我並沒有因爲改變得到更好的讚美，反而讓自己變得很不像自己。舉個實例來說，有一次我試著以小女人的形象，陪著前男友去談合作，那是我第一次感受到在會議上不被重視，甚至忽略。以前的我在任何工作場合，即使對方不同意我，最起碼可以有一番唇槍舌戰，諸如此類這樣的改變，我越來越不像自己，也非常不習慣。

取悅自己才是最重要的

每個人都有自己天生的氣質，若硬要因爲別人改變自己，實在是委屈又累人，何況也不是努力改變，別人就一定會珍惜你，付出的對象不對，一切都是瞎忙一場。但如果這個改變是爲了自己，就十分值得了。事實上，我多少也從改變自己中得到一點收穫。

人在社會走跳，隨時都可能因爲各種因素、需要配合演出原本不屬於自己的那一面，有時甚至要逼迫自己改變原本的習慣，倘若讓我們轉變的原因，是爲了讓另一個人開心，我們的心情就會很容易變得患得患失，甚至分不清這樣的改變，對自己究竟是不是好的影響；萬一這個人最後還是拒絕你或離開你，那麼一切的努力，可能就會完全失去價值。

只有為了取悅自己而改變，一切才是有意義的。我現在是「女為悅己而容」，這個「悅己」是取悅自己的意思，我想女人應該為了讓自己開心而打扮，為了讓自己更好而改變。

我有一件很喜歡的短皮褲，因為經常穿就破了幾個洞，要是以前我一定馬上丟掉，但是我認識了一位性格很特別、對自己也很有自信的朋友，他常常穿著樣式很特別的衣服，他看到我那件褲子，覺得破得很有個性，告訴我說：「繼續穿吧！只要自己不覺得奇怪，別人也不會感到奇怪！」

往往我們感到尷尬的原因，是因為別人做了一件我們不敢做、甚至是不敢想的事情，但這並不代表這件事情是不對的，更不代表別人應該像我們一樣感到尷尬，比起一般人，他們只是對於自己想做的事情更堅定、更勇敢，而我們為什麼不先在尷尬前勇敢呢？

就像未婚生子這件事，雖然是想清楚才決定的，但對於社會觀感云云，也是花了一段時間做心理建設，但後來想想，勇敢為自己決定的事情負責，有什麼好怕被人家說的呢？

勇敢而又有自信，

才是我要的人生！

It's worth a shot

取悅自己的千百種方式

這是我自己偶然在筆記本上畫下的圖，看得出來，我是一個多麼重視自己的人吧！取悅自己的方式，提供給還不知道如何好好愛自己的妳參考。

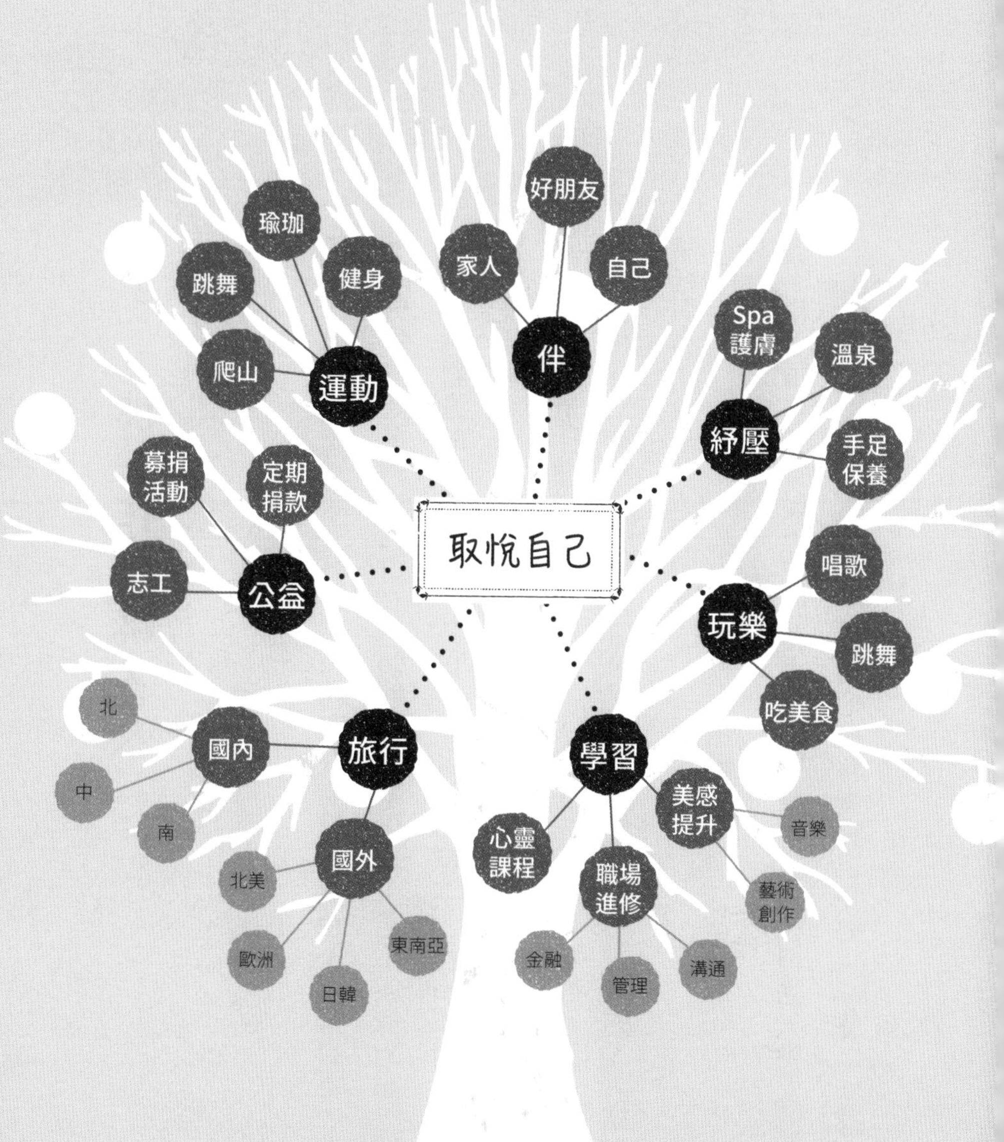
取悅自己
運動
瑜珈
跳舞
健身
爬山
伴
好朋友
家人
自己
紓壓
Spa
護膚
溫泉
手足
保養
公益
募捐
活動
定期
捐款
志工
玩樂
唱歌
跳舞
吃美食
旅行
國內
北
中
南
國外
北美
歐洲
日韓
東南亞
學習
心靈
課程
職場
進修
金融
管理
溝通
美感
提升
音樂
藝術
創作

挑食、挑工作、挑男人

女孩二十歲時找對象，可能會因爲沒有經驗，甚至不了解自己，要求的對象只要是對自己用心，個性合拍就可以；三十歲找對象，開始會注意對方的內外條件，各自設立自己的標準，性格如何？興趣愛好是什麼？工作性質如何？有無車房？年收入多少……等等，無論原本設想是什麼樣的條件，有些人發現當自己設定的「對的人」遲遲不出現，就會慢慢降低標準，甚至將就身邊不討厭的人，結局幸福與否，就憑個人運氣了。

不！花樣年華的時候，或許有大把時間碰碰運氣，但邁入熟女的年紀，每一個決定，都要有一定的把握會讓自己更好。「挑」，才是女人年紀越長越該做的事情，而且有三件事情必挑，那就是「挑食、挑工作、挑男人」。

挑食 提升品味，更是爲了健康

前陣子一部火紅的陸劇「三十而已」，女主角之一的王漫妮，面對同事建議：與其買一雙高單價的鞋子，不如選擇中低價、還能多換一些樣式，她說了本劇的一句經典名言：「二十歲追求的是樣式，三十歲追求的是品質。」

的確，隨著年齡增長、閱歷增加，我們的生活重點，不再只是追逐潮流變化，而是更簡單雅致的高品質。生活中，讓女人覺得放鬆開心的服飾、配件、美妝、美食當中，我最重視的是飲食的品質，我認爲挑好的食物吃，不只是一種品味的表現，更是對自己健康有益的長遠習慣。

我所謂的「挑食」，並非專挑貴的吃，而是吃好的食物，吃健康的食物！畢竟邁向熟女年紀，代謝速度下降，不能再像女孩時期一樣，肆無忌憚地吃，挑食物不僅是爲了身材著想，根據研究，都市人的失眠、易疲倦、胃病等等狀況，飲食就占了很大的因素。我的挑食方法很簡單：第一，日常飲食中的油炸類食物，盡量是拒絕往來戶，特別是有拍照工作前的兩個禮拜絕對不碰；第二，盡量吃原型食物，避免攝取過多熱量與加工食品。這兩個挑食原則其實很多人都知道，但根據我的觀察，多數人並沒有辦法眞正落實，所以說，維持身材與健康，說難不難、說易不易，最重要的是，能夠持之以恆地進行。

花點時間在飲食上，除了對我們的健康、身材有好處，也是彰顯生活品味的好機會喔！日常飲食之外，偶爾和姐妹聚會或商務場合，我自己有一份燈光美、氣氛佳，口味一流的餐廳名單，可以讓和我一起吃飯的朋友們，都能賓主盡歡。某一次一個朋友為了謝謝我在工作上的引薦，請我到一家五星飯店吃飯，席後他告訴我：「其實我不太懂吃，但因為要請妳吃飯，總覺得一定不能太差，選了飯店的餐廳，應該不會踩雷了吧？！」我想，這也許可以應證一句話：「因為你挑，所以別人對你的態度會更謹慎。」

挑工作 持續學習，機會隨時找上門

年輕時選工作，或許只要自己做得開心，就可以不顧一切往前衝；等到了三十左右的職場人，有了一點經驗累積，自我價值也提升，不再是職場菜鳥的我們，應該把對工作的要求，從「興趣」換成「價值」，這邊說的「價值」而不談「價錢」的原因是，一份適合自己的工作，絕對超乎價錢可以衡量，但請不要把自己放在一個價錢不高、又不能讓你感到開心的工作上。

我有兩個自由業的朋友，一位是做音樂編曲，另一個是做平面設計，兩人的年收入差不多。做音樂的朋友，雖然日夜顛倒、作息不定，但我每次開會，總能看見他眼中、閃爍著對音樂的熱情，於他而言，這份工作或許不能讓他致富，卻是一份能豐富生命、有價值的事業；但做平面設計的朋友，卻總是抱怨自己錢少事多、作息不正常，沒辦法和朋友出遊，身體越來越差，在這樣的狀況下，我一直鼓勵他重新選擇一個工作，三十多歲的人，在薪水和工作內容都不符合期待的狀況下，還有什麼好堅持不放的呢？我建議他，初步先捨去一些案子，讓自己有空檔去進修和工作專業相關的項目，例如影片剪輯，或動態設計，大約一年之後，他持續做著自由接案的工作，但偶爾可以接到規格和收入較好的案子。他告訴我，雖然開始學新課程的時候，收入驟減讓他很不能適應，但過了那段陣痛期，新的工作內容增加生活中的挑戰和收入，這一切都讓他覺得十分值得。

不知道從什麼時候開始，三十歲變成一個人職場態度轉變的分水嶺，有的人會越來越敢於改變自己，有的人則是更加地膽怯，以我兩個朋友爲例子，看的實際狀況是，只要我們不間斷地學習並提升自己，積極的態度會讓我們持續獲得新的機會。挑工作，也是勇敢爲三十歲後的自己，選擇想要的生活。

挑男人 我很好 不想委屈自己

成為母親的這幾年，我一直努力在孩子、工作、和上課中找到平衡，並沒有中斷外界的社交生活，身邊也不乏有示好的對象。一開始，關心我的朋友或長輩總會替我著急，有意無意地暗示我：「遇到不錯的對象就不要太挑剔，有個伴陪在身邊，至少不會太孤單。」

我猜，不只是身為單身媽媽的我，即使是一般的單身男女性，年過三十之後，就會開始被關心有沒有對象；三十五歲之後，漸漸地會有人告訴妳：「不要太挑剔！」但是，如果我是一個很努力把自己經營得很好的人，為什麼我要為了別人的眼光而將就自己呢？現在女性雖然已經有了獨立自主的能力，但觀念上往往還是被上一代的思維給束縛住，許多條件優秀的女孩，過了適婚年齡後，總要因為沒走上婚姻而被迫「感到自卑」，這是何苦呢？

「花若盛開，蝴蝶自來；人若精采，天自安排」，與其在茫茫人海中尋找對的人，不如多花時間充實自己，讓對的人主動靠近妳。現在的我，依然希望能遇見對的人，但等待的心情是從容無懼的，因爲生活充實快樂，不需要因爲孤單，而著急地賭一把，隨便找個伴。

女孩們，當我們有能力獨立，照顧自己，千萬記得，年紀越大越要懂得挑食、挑工作、挑男人！隨著歲月在我們身上越來越珍貴，所以更要精挑細選，讓自己的生活品質往上加乘。

J語錄

關於成長

當我們停止內耗，
把目標放在重要的事，
然後一步步積極行動，
有一天，你會驚喜地發現，
憂慮在不知不覺中
煙消雲散。

Ch 3

一個人也能
成家立業

「家」應該是什麼樣子呢？

一對恩愛的夫妻，兩個孩子恰恰好！然後就像孫燕姿《完美的一天》歌詞中說的：「我要一所大房子，有很大的落地窗戶，陽光灑在地板上，也溫暖了我的被子……」這曾是我夢想中，家應該有的樣子，也是我少女的夢想。

隨著人生的際遇，我逐漸發現這個對「家」看似簡單的夢想，對我而言似乎不是這麼容易達成。偶然讀到一句話說：「家，應該是一個讓人推開門，就能忘記外面憂愁和煩惱的地方。」或許我自己一個人也能經營起來的家。

當媽媽，不一定要當誰的妻子！

我是一個渴望家庭生活的人，有個可靠的老公、兩個可愛的孩子，過著平凡幸福的生活，這曾經是我最大的夢想。但幾次失敗的經驗，讓我不想再把希望寄託在別人身上，畢竟我沒有伊莉莎白泰勒或鍾麗緹一樣的勇氣，能夠在失敗中不斷地嘗試，在沒有找到真正合適的人之前，我想，單身還是我最舒適的姿態。

但是我一直渴望，能有一個自己的孩子，想著如果一直遇不上適合的對象，能有個孩子陪伴在自己身邊也很好……

六十歲的你 想要什麼樣的生活？

單身兩年之後，雖然偶爾會覺得孤單，但日子的確過得輕鬆愜意，當時身邊有一個小我十五歲，外型條件相當好的男朋友，但我畢竟在年紀和經驗上都年長他許多，從一些小細節中，我就能觀察出，他並不是一個適合長久交往的對象，也因爲這樣坦然的心態，讓我們的關係始終維持著輕鬆和諧，直到我發現自己懷孕了。

但和一個不對的人、在非預期的情況下有孩子，並非我的期望，第一次進婦產科的時候，肚子裡的孩子有心跳了，我不知道自己該如何是好，唯一能肯定的是，自己不會嫁給孩子的父親。就在我告訴自己，應該拿掉這個孩子的時候，我姐姐一句話點醒了我：「或許妳覺得，現在一個人的日子過得很輕鬆自在，但是妳要不要想一下，六十歲的妳，想要過著什麼樣的生活？」姐姐的這句話，在最關鍵的時刻點醒了我，我開始思考，自己眞正想要的生活，甚至想像，自己往後有了孩子會是什麼樣子，也上網搜尋許多女人生子後的討論，而我得到的結論是，生孩子之後的日子，眞的很累很辛苦，但卻極少有女人說，她後悔生了孩子

我做了一個畢生最大膽的決定

某次在閱讀一篇文章時，有位心理醫師提到，大多數女性在產後，都會經歷一小段心情低落的時期，因爲在經歷生產痛苦、身心尚未恢復時，就要同時承受照護新生兒等，種種不知所措與精疲力竭的狀況，加上伴侶或家人長輩不同教養觀念的衝突與壓力，很難不讓人心情低落，因此平均每十位媽媽，就會有一個得到產後憂鬱，不過，大部分的女性在一段時間之後，就會很快適應新的生活，發展出一套適合自己和寶寶的新生活模式。

反觀男人就不一樣了，雖然美國有研究顯示，爸爸得到產後憂鬱的比例並不亞於媽媽，但多數的爸爸，在育兒的參與度上卻是遠低於媽媽許多。有一個全職媽媽跟我提過，她老公每天只有晚餐後，會陪孩子玩一下子，而且玩不到十分鐘，就說自己好累，接著就把孩子丟給疲憊了一整天的她，自顧自地在沙發上滑手機。很多男人都以爲，只要拿錢回家就是養小孩，我開始聯想到，自己許多已婚的朋友們，似乎也都是這樣的情況，這讓我興起一個念頭，如果老公之於家庭，只是賺錢養家而已，其實我自己就可以做到老公的角色！我想，孩子的父親身體健康，顏值也可以給他一個高分，肚子裡的孩子，至少會是個健康漂亮的孩子，於是，我做了一個很大膽的決定，不婚生子！

一向小心謹慎的姐姐，對我這個決定，抱持相當樂觀的態度；而我母親對於女兒向來我行我素的作風似乎很習慣，只叮嚀我獨自撫養孩子真的很辛苦，口袋跟心理都要做好足夠的準備！有了家人的支持，我更加有信心獨自生下孩子。

回到孩子的父親，我並沒有自私到完全沒讓他知道這件事情，在我告訴他我要生下孩子的同時，也表明我會獨力扶養他，如果他願意，也可以來看孩子，在情感和金錢都不需要他負擔任何責任，我唯一的要求是，孩子一定要跟我姓，這麼做的目的是，不希望他哪天後悔，跑來跟我搶撫養權，所以一開始我就要表明立場、並劃清界線。他的表情從震驚、焦慮到放鬆，我內心暗暗一笑，這次我沒看錯人，他絕不是一個當丈夫和父親的好人選。把話說清楚之後，我開始認真安排產檢、生產、坐月子等等事情，開始邁向我的「單身媽媽」生活。

J語錄

關於成長

育兒是團隊作戰，
如果沒有好的隊友，
我寧願孤軍奮戰！

我是媽媽，也是爸爸！

父親節前夕，YoYo的幼兒園老師特別打給我，告訴我會帶小朋友畫一個爸爸的畫像，想問問我的想法，我說：「當然沒問題啊！就畫我吧，我是媽媽，也是爸爸！」隨著YoYo的年紀逐漸長大，她也曾經問過我，她的爸爸在哪裡？我也是告訴她：「就是我啊！我是媽媽，也是爸爸！」

爲自己的選擇做好規劃

這件事情，在我生YoYo之前，就已經思考過各種可能，也搜尋過大量單親媽媽的文章。我發現，即使在單親家庭越來越普遍的今日，一個媽媽帶著孩子單獨生活，仍然會受到不少外來的異樣關注，大人們自己會先做好心理建設，但當孩子在外獨自面對「爲什麼你沒有爸爸？」這個問題時，往往是母親最大的挑戰。曾經有個單親媽媽表示，自己一個人白天工作、晚上陪伴孩子，這麼努力地維持孩子的生活，卻偶然聽到自己媽媽對著她女兒說：「妳長得這麼漂亮，又乖又聽話，卻沒有爸爸，眞的是很可憐。」看到女兒不知所措、又傷心的表情，自己的信心瞬間崩盤。

單身是一種選擇，而單親也只是家庭狀態的其中一個面貌，選擇單親的媽媽，只是愛孩子、但不想被不適合的人綁住。我自信有能力可以爲我所選擇的生活負責，卻不可能改變，外界對單親家庭的刻板印象，也無法避免YoYo有一天會受到不一樣的眼光，幸好許多專家們都說，一個孩子過得快不快樂，最重要的是，擁有足夠的愛、和對自己的信心。因此，我在懷孕時期就跟我的母親和姐姐達成共識，我是孩子的媽媽，也是孩子的爸爸，我們會一起愛這個孩子，給她快樂和自信，絕對不要讓她，因爲生命中沒有父親這個角色，就覺得輸人一等。

YoYo出生前，我的姐姐自告奮勇，在我產後坐月子期間擔任我們的主要照顧者，原以爲預約了月子中心、又有姐姐隨身陪伴，應該可以好好坐個月子。沒想到，YoYo出生不久後，先是姐姐因爲感冒不能來月子中心；不久後，YoYo也不明原因的感冒，月子中心要求我們得母嬰同住，否則就不能繼續待著，對方態度不太友善，加上我也不願意自己花了錢還不能好好休息，我立刻託人詢問月嫂空檔，一約到之後，馬上就帶著孩子回家自己坐月子了。

這一回去不得了，我相信媽媽們對於新生兒三個月內混亂的作息，以及無限循環地餵奶、洗奶瓶、消毒、換尿布……的生活記憶猶新，白天有月嫂幫忙，可以暫時鬆口氣，朋友們來看我時，很驚訝晚上只有我一個剛生完孩子的新手媽媽，拖著疲憊的身軀餵奶、換尿布、哄孩子……我總是回答：「這是我自己的選擇啊，再累『哈哈』兩聲帶過就沒事了。」

「意願」，讓我心甘情願接受難題；而「意志力」，則是讓支撐我勇敢面對未知的能量。既然我早就有獨自養育孩子的心理準備，就不會期待誰應該理所當然地來幫助我，我可以花錢請專業的人來幫忙，也會學習養育孩子該有的本事，自己選的自己扛，遇到問題找方法，很簡單的道理不是嗎？

在養育孩子方面，我跟許多媽媽一樣，很仰賴Google大師的幫忙，雖然自己也讀了許多育兒書，但在孩子的成長過程中，許多突發情況都是靠Google讓我快速找到解答的。隨著YoYo活動力越來越強，我發現自己再也沒有體力獨自一人照顧她，詢問過母親的意見後，她同意搬來市區跟我同住，陪伴我一起照顧YoYo，同時也修補我們長時間疏離的母女關係。

孩子 是生命給我們的禮物

許多人對於單親照顧孩子的人，總會投以同情的眼光，但除了體力上辛苦一些外，沒有婆媳問題、沒有教養方式不同的爭執，對我來說，也省去了不少麻煩。當母親決定要搬過來住，爲了避免教養意見不同產生的爭執，在她搬回來之前，我們就對YoYo的教養方式，做了一場相當正式的討論。由於母親是個不拘小節、凡事只抓她認爲是重點的人，因此教養出我大剌剌的個性；但幾年下來，我認爲我們對生活細節太不重視，我希望能爲YoYo培養一些好習慣，因此我們必須做出改變！

在衆多的教養方式中，我最相信的原則是－身教重於言教，我告訴母親，過去我們在家隨心所欲，是作息不定、不收納不整理的人，但這並不是好的生活習慣，爲了YoYo我們要一起改變，一起成長。首先，是改變不規則的生活作息與飲食習慣。慢慢調整、跟著孩子的固定時間入睡、起床；接著，爲了讓多出來的小人，有更安全的活動空間，我們減少了購物次數，慢慢清掉舊物，整理過去不太收納的公共空間。當然，已經習慣幾十年的生活方式，不太可能在一夕之間就有明顯的改變，雖然無法做到一百分的完美，但我們很有默契地用彼此能夠接受的步伐，愉快地前進著。生活慢慢變得簡單而規律，或許就是孩子帶給我們的禮物。

除了改變以往的生活習慣，我更喜歡親身帶著孩子去體驗生活。每個假日，我都會安排戶外活動，有時請朋友開車帶我們到郊區走走，有時是全家人的出國旅行，曼谷、澳門、以色列……很多人說，孩子三歲之前出國旅行，對他們來說沒有太大的意義，但我覺得能夠讓YoYo看看這美麗多變的世界，接觸不同的人，是一件相當美好的事。或許因爲經常外出，YoYo一點都不怕生。兩歲之後，我第一次帶著YoYo去做公益，我在安養中心義剪，她在一旁唱歌跳舞，逗阿公阿嬤開心，表現得相當沉穩。我不知道這些體驗，在她小小的腦袋會產生什麼影響，但看著她每天天眞無邪的笑容，我想就是她最棒的回答。

YoYo一歲的時候，我幫她舉辦了一個用心至極的週歲Party！早在她生日的前三個月，我就開始籌畫了，幾乎是以婚禮的規格，來舉辦這場派對。從尋找餐廳開始，就花了我不少心思。我希望會場是溫馨兼具高雅質感的空間，因此一始就不考慮一般的親子餐廳，幾經探訪後，最後選定市區巷弄中一間歐式餐廳，空間寬敞明亮，挑高的空間設計，格外優雅，包場後的隱密性與獨特性一百分，一定能讓大家在派對中，拍下許多美麗的照片，帶回美好的回憶！餐廳確認後，接下來的會場布置、背板照片、蛋糕設計、鮮花、氣球、派對小物及小道具等細節，我不假他人、自己一手包辦，當天更聘請了專業的抓週主持人、攝影師和錄影團隊，用心記錄這天的每一刻。這場派對，我讓好朋友都感受到，YoYo是被家人呵護備至的小公主，更希望YoYo未來看到這些紀錄，能夠感受到媽媽想要給她的滿滿祝福。

J語錄

關於單親

如果單親可以給自己和孩子
更愉快的生活，那就「選擇」單親吧！
單親很累，婚姻也很累，
至少你有選擇的機會。
不想覺得自己虧欠孩子，
就和他一起快樂地經營每一天吧！
不要把孩子當成生活唯一的重心，
再忙也要留時間給自己。
疲憊的時候告訴自己，你努力了，
你很棒！

單親好累，更要想方設法「偷時間」

YoYo在上幼兒園之前，我是以全職媽媽的角色、全心全意地陪伴她，年輕時累積的積蓄，讓獨自養家的我，不必爲了生計，家庭事業兩頭燒，這點讓我非常感謝過去那個努力的自己。話說回來，照顧孩子真的是我做過、最消耗精氣神的工作了。

什麼是忙得像陀螺一樣？

嬰兒時期雖然只要滿足生理需求，但每天機械式地重複動作，甚至可能一整天都不會說上一句話，對於一向好動的我來說，實在是很消磨心智。等孩子會爬、會走了，妳必須想方設法，在安全的環境之下，滿足他們對世界的好奇心；他們的活動力十足，無論是出門在外、還是在家中，稍不留意就會發生小狀況。有一次朋友來我家玩，聊著聊著我突然發現氣氛怪怪的，因爲YoYo太安靜了，我起身走進房間，看到她拿著我的口紅，把自己的臉塗得紅通通的！我和朋友先是哈哈大笑了一番，又好氣又好笑地抱她去浴室洗臉，當時我心想，幸好只是這種可愛的小意外，若是YoYo在椅子上跌下來，受傷可就不好玩了，我提醒自己要更加小心。

每天看到YoYo的笑臉，總是會告訴自己，這一切都是值得的，但身體的疲累卻騙不了自己，那段日子我曾經有過一個月花了六萬元，找來陪玩姐姐和保母照看孩子，因爲我知道自己的生理和心理，已經承受到一個極致了，我必須暫時先將時間還給自己。

從每週半小時開始

每隔一段時間，就會在社會新聞上看到，有些女性因爲產後憂鬱，做出自殘或傷害孩子的行爲，造成自己和家人一輩子的傷痛，實在很令人扼腕。我曾經讀過一篇醫療新聞，當中提到，平均每十個產後女性會有一人患上憂鬱症，大部分的女性，在產後的確會有幾天情緒低落、容易落淚的狀況，一般大約一週後就會逐漸恢復；假如兩週之後，情緒仍沒有辦法改善，眞的要尋求專業醫生來解決，絕對不要自己一個人忍下來。以我自己的經驗來說，卽使沒有生病的人，長時間照顧孩子無法休息，任誰都會心情鬱悶。全職媽媽的辛苦，只有親身經歷過的人才會明白，在此我想提醒身爲媽媽、或卽將成爲媽媽的妳，無論如何，一定要保留一點時間給自己，並且不要因爲這樣的想法感到自責，母親要放鬆、要開心，孩子才會感受到幸福。

關於保留時間給自己的方法，我們可以有計畫地循序漸進，你可以從一週有半個小時溜出去便利商店逛逛開始，或許這個比喻聽起來有點誇張，但我知道，有些和丈夫分隔兩地的全職媽媽，能夠離開孩子單身出門的機會幾乎是零；在孩子一歲之前，能夠一個人出門逛屈臣氏，就足以開心好幾天。所以，爲了不讓自己成爲一個完全抽不開身的全職媽媽，一定要訓練妳的老公或家人獨自照顧孩子，再不行也要找個臨時保母，每週至少給自己半小時的時間，慢慢增加到一個小時、一個下午，讓妳能夠與自己獨處，做妳自己想做的事情，不要爲了孩子的笑顏，而忘記自己也需要笑容。

記得，無論多麼累，請告訴自己：這一切只是暫時的，只要撐過一小段時間，孩子不會永遠黏著妳，終究可以回到自己的生活的。

J語錄

關於低潮

不開心的時候做三件事情：

學習、付出、大笑

當了媽媽後 更想回頭謝謝自己的媽媽

我曾經在母親的抽屜裡看到一張照片，照片中的女生優雅自信，有著微卷俏麗的短髮，像極了民初時代既高雅又時髦的女子。在我的記憶中，的確有過這樣一個母親的形象，那時的她是國小代課老師，打扮清新、舉止優雅，若不是還保留著這些印象，我真的很難想像，生活會對一個人產生這麼大的變化。

我的Fb和IG上，經常可以看到我帶著母親和女兒出遊的照片，許多人看到我跟媽媽親密的合照，都非常羨慕我們的母女關係，但其實很少有人知道，在YoYo出生之前，我們的關係十分疏離，甚至有過幾年完全不聯絡的狀態。

記憶中的母親

我的父親在我14歲那年過世後，母親一肩扛起養育我和姐姐的責任，或許是經年累月的生活壓力，讓她從裡到外變了一個人。事實上，單憑母親沒有拋棄我們，一個人把我和姐姐養大這點，我內心非常地佩服她，但要說她是一個多麼優秀的母親，我卻無法說出口。

在我成年之後，母親在我心中，幾乎全是負面的形象，或許是失去丈夫之後，生活的物質壓力，讓她對金錢顯得錙銖必較，她總是貪小便宜，四處蒐集外面的免費物品，家中堆積如山的無用之物，完全毀掉我們的生活品質；在待人處事方面，她也是相當地負面，不僅批評我和姐姐周遭的朋友，要我們對人保有防人之心，和我們說話也經常用帶刺的負面言語，對母親不滿的情緒一直積累著，我們的關係就這樣變得越來越疏離了。過去，我的姐姐曾經是學校品學兼優的風雲人物，她是個非常有藝術天分的女孩，當年復興美工是許多學藝術的人、擠破頭想進去的學校，姐姐雖然輕鬆考上，卻被媽媽逼著放棄理想去念大學，諸多的磨擦和誤會，以至於她們兩個一度關係相當疏離。

母親在我小時候的印象中，是一個神經相當大條、生活起居不修邊幅，完全照著自己直覺生活的人。小的時候覺得媽媽給我很多自由，比起許多下課就要馬上回家寫作業、或被強迫上才藝班的同學來說，我的日子真的過得輕鬆愜意。長大後才慢慢發現，不強迫我們，並非她開明管教，而是沒有時間強迫我們而已。

後來有機會去到朋友家裡，發現別人家的媽媽怎麼都跟我媽媽不一樣？別人的媽媽會把家裡收拾得整整齊齊，我的媽媽從不收納、也不會教我們收納，家裡總是一團亂；別人的媽媽每天做菜，又香又好吃，我媽媽很少下廚，而且廚藝實在不太及格；別人的媽媽溫柔優雅，關心孩子的生活，我的媽媽總是忙進忙出，印象中幾乎沒有關心過我們的功課或生活情況。對於她的種種不滿，直到我有了自己的小孩之後才明白，一個單身的女人要養兩個孩子，時間和經濟都是最現實的壓力。

在我和第一任男友分手時，精神狀態連我自己都無法控制，媽媽從電話中感覺到我的不對勁，隔天就出現在我家門口，見到我失常的模樣，沒有責備但也沒有任何的安慰。那陣子，她經常帶食物過來看我，叮囑我要記得吃東西，當時的我把這些當成理所當然，直到她對我的狀況看不下去，逼我去看心理醫師，我們的關係幾乎是徹底決裂。

被強迫帶到身心科時，我內心十分抗拒，我相當恨她，恨她把我當成心理有問題的人，直接丟到陌生人面前，世上有哪一個母親會這個樣子、不相信自己的孩子？在我狀況復原之後，我有將近七年的時間，不主動和她聯繫，直到發現我懷孕了，才主動告訴她我需要幫忙，如同七年前一樣，她二話不說地馬上出現在我面前。

在我最脆弱的那一陣子，她時不時會到我的住處、送吃的給我，沒有過多的關心言語，有時甚至放下東西就離去，或許是多年的疏離，已經讓彼此無法像一般母女的交談，但透過一次又一次的眼神交會，我們也傳達了彼此的愛與歉意。

體諒 從自己也成爲媽媽之後

不久之前，我姐姐告訴我一句話：「或許媽媽是我們生命中的逆行菩薩！」也許，她曾經帶給我們許多不好的回憶，但我們也在這樣的環境中，變得這麼堅強，這也是要感謝她，不是嗎？在我收入大好的那幾年，我曾經計畫著，將來要如何賺一大筆錢，買一棟有很多房間的房子，讓我的好朋友通通住進來，當時身邊的每個好友都安排了位置，唯獨就是沒有留房間給我自己的媽媽。現在的我知道，無論將來有沒有買到一間大屋子，我想我一定會一直一直帶著我的媽媽。

古人說：養兒方知父母恩。多少是有點道理的，隨著育兒經驗的累積，我正一點一滴地在感受、我母親曾經走過的路。原來，當了母親之後，過去光鮮亮麗的自己和豐富精采的生活，幾乎是完全不存在了，每天日復一日、重複繁瑣的照顧動作，因爲睡眠不足和育兒壓力，根本無暇照顧自己、打扮自己。朋友到家裡探望我時，看到我披頭散髮、手忙腳亂的模樣，開玩笑地說：「天啊！精明能幹的妳，居然也有這麼狼狽的一面，有後悔當單親媽媽嗎？」單身育兒的這一路上，如果你問我「累嗎？後悔嗎？」我可以堅定地回答：

「完全沒後悔過！」

每當看著我的女兒，再想起過去我和母親相處的點點滴滴，我不再懷疑她愛我們的事實。那個年代，一個女人單身養育孩子，比起現代來說，實在是困難許多。在我懷孕的期間，一度因爲對未來感到恐慌，起了急病亂投醫的念頭，想要隨便找個男人嫁了，但隨卽又想到，我的母親爲了兩個女兒，多年來堅持不再婚，那是需要多麼強大的毅力。我知道她這些年來不乏男性追求，我想這份堅強，也是她愛我們的表現，或許，她只是不懂得如何用我們需要的方式愛我們。體會她的不易、解開了對她的心結後，過去的怨與恨都消失了，雖然母親本身的性格作風沒有任何改變，但我們的關係卻比過去親密了許多。

一起來抱抱吧

去年開始，我把她接回來與我和YoYo同住。剛開始的時候，關係還是有點生疏跟緊張，或許媽媽看到我每天爲這個家忙進忙出，我也看到她幫著我照顧孩子、整理家務，彼此慢慢放下心結，開始有了較多的互動。祖孫三代住在兩房一廳的市區，雖然空間稍嫌不夠，卻有著熱鬧溫暖的感覺。我經常會抱著YoYo，告訴她媽媽好愛好愛妳。有一次，在抱YoYo的時候，我媽媽剛好在旁邊坐著看電視，我開口說：「阿嬤也一起來抱抱吧！」天眞可愛的YoYo先撲過去，我也順勢抱了媽媽，這是我長大之後第一次抱她，這一刻，我的眼眶泛淚，有著難以形容的感動。

J語錄

關於母女

母女之間，幸運的就當知己；
不幸運的就是甲乙。
因爲是母女，
所以妳隨時都可以試著把甲乙，
修復成知己。

Ch 4

用「**頂層思維**」取代少女時代的小確幸

「小確幸」這個名詞，出自村上春樹的作品，形容一種微小又確定的幸福感。天冷的時候，給自己來一杯暖暖的咖啡；週五的夜晚，自己一個人躺在沙發上，喝杯紅酒、看場電影，都是簡單卻又讓人心情大好的小確幸。年輕的時候、單身的時候，小確幸就可以擁有大大的滿足感；但當年紀漸長、變成一個成熟的女人後，漸漸會發現，眞正能讓我們產生前進動力與成就的，是「頂層思維」。

將「頂層思維」用在生活現狀

「頂層思維」，是二〇一〇年國際知名顧問公司麥肯錫、提出的一種經營管理方法。簡單地說就是，從上而下思考，站在目標的角度上，規劃你目前應該做的事情。目前這個方法論，被廣泛運用在各種領域之中，從公司經營、產品行銷、甚至學生的讀書計畫。而我認爲，將頂層思維當作人生管理方式，是最適合不過的。

舉個例來說，有些人會埋怨自己付出的努力和報酬不成正比，不眠不休地工作，只是爲了要按時完成老闆進度；不只要完成自己手上的工作，還要隨時協助團隊夥伴的進度，覺得自己是一根蠟燭兩頭燒；而如果，妳剛好又跟我一樣是個單身媽媽，在外累了一天之後，回來還得照顧孩子生活大小事，每天被各種「待辦事項」追著跑，眞的會讓人心力交瘁。但如果我們可以換個思考方式，先設立好自己的目標，那麼，對生活的無力感就會瞬間轉化。

爲了獲得更好的事業成就，我得加倍努力完成任務目標；

爲了獲得更好的協助，我得關心團隊的夥伴，讓人家願意信任並跟我合作；

爲了讓自己和孩子的生活步上軌道，我要培養好孩子的性格和生活習慣⋯⋯

因爲確立了一個目標在前面，我知道我現在所付出的努力是爲了什麼，甚至可以在過程中隨時調整行動，而不會覺得自己只是漫無目的、被生活追趕著，甚至因爲別人的幾句話而懷疑自己。

問題不是困擾　而是達成目標的階梯

很多人好奇，我這個單身媽媽到底是怎麼生活的？難道獨自養一個孩子眞的這麼簡單嗎？最常被問到的是：妳會不會害怕別人說三道四的眼光？生個小孩要準備多少錢？其實，如果用頂層思維的邏輯，這些提問都不會是問題，相反的，會是促成我達到目標的指引。

我想要擁有自己的孩子，和她一起幸福的生活！這是我的頂層思維。爲了這個目標，我得先找到一位男性願意跟我生孩子，如果他剛好適合和我一起養育孩子是最好的，如果不適合，我也會讓自己有能力獨自扶養她；有了孩子之後，我得更努力賺錢，才能讓兩人生活餘裕，我得把日子過得更規律，安排充實，才能成爲孩子的榜樣，所有的思考都是：我做什麼，才能達到我要和孩子一起幸福地生活！別人對我的疑慮，是我每天以行動去解鎖的關卡，當其他人還在覺得這不可能、那樣生活太累的時候，我已經踩著這些問題，快樂地擁抱我的人生目標。

其實　你已經在過自己想要的生活

「頂層思維」與心理學大師阿德勒提倡的「目的論」有許多相似之處，暢銷書《被討厭的勇氣》作者岸見一郎，是著名的阿德勒信徒，他在這本書中提出了一個很有趣的說法：人是可以控制自己的生活的，因爲自己先有了某種「目的」，才決定了自己的「行動」。換句話說就是，你現在的生活方式，其實是實踐你早就設下的某種目的，然而，很多人卻不知道、甚至不敢承認自己的「目的」。

我的朋友小玲，待在公司五年，工作內容和職位都沒有改變，薪水始終不上不下，她很想改變現在的工作型態，但在疫情和通膨時代的壓力下，也不敢輕易離職到外面找工作。張姐的孩子進入青春期，情緒變得很不穩定，她很想跟女兒好好相處，但總會因爲女兒的叛逆態度，就壓抑不住自己的情緒，開始跟對方吵架。在這裡，若我們用阿德勒的目的論來看，小玲也許眞的想要讓生活多些變化，期待更有遠景，但「安穩生活」的目標顯然更重要，所以她選擇接受無趣反覆的工作；而比起跟女兒好好相處，張姐更想做的是，「讓女兒乖乖聽話」，所以她選擇用憤怒的情緒，試圖壓制女兒的反抗。如此看來，這兩個人其實都已經在生活中、實踐自己的目標，只是他們沒意識到，自己的目的原來和自己說出來的不一樣。

決定如何生活的是我們自己，如果你總是覺得，自己沒辦法決定自己的生活，或者始終無法下定決心，那麼就想想，自己究竟想要達成什麼樣的目標，再一步步去規劃實踐的方式，這就是運用頂層思維，讓自己的生活更好。

J語錄

關於人生

有人說，女人當上媽媽後，
開始了第二人生！
因爲當了媽媽之後，
孩子成爲了我們第二人生的重心。
但我想提醒媽媽們，
妳，才是這個世代的核心！

為了孩子 你一定要選擇積極正面

二〇二〇年七月，一則單親爸爸帶著三個孩子燒炭自殺的新聞；同年十一月，又發生一則單親媽媽下藥勒斃兩個孩子的悲慘事件。可能因爲自己也是獨自帶著孩子生活，每當看到這樣的新聞，總會讓我難過得好幾天睡不著覺。我一直在思考著，要如何幫助這些孩子或單親家庭，於是有了這本書的誕生，我想將我自身的經歷分享出來，或許可以給許多正面臨無助悲傷的單親父母們，一點轉念的希望。

日本有一位助產士小林壽子，堪稱日本媽媽界的傳奇。她在二十二歲生下第一個孩子後，以平均一年多的時間連續生下十個孩子。

十二年間，她經歷辭職、當全職媽媽、創業、全國演講、出書，並成立婦產醫院，而在她生下第十個孩子的那一年，選擇與丈夫離婚。據說，是因爲她成功的事業和忙碌的生活，讓前夫無法接受，因爲在日本社會中，能夠支持女人發展事業的男人並不多。然而，她也很幸運地在兩年後再婚，這一個同樣離過婚、並且擁有三個孩子的男人，據說是母嬰用品公司的社長，過去因爲曾在工作上有過交流，懂得彼此的優點，婚後兩人時常在網路上秀恩愛，成爲令人羨慕的一對。

以上是幾個很極端的例子，我主要是想表達，或許單親的父母，面臨的都是同樣辛苦、甚至別無選擇的困境，但只要持續積極地生活著，辛苦總會過去的。無論你是主動、還是被動地成爲一個單身父母，別忘了，有一群人跟你一樣，很努力地陪伴自己的孩子長大。

強迫自己積極起來

我們的智慧，隨時間的積累而成長，由內而外培養與時俱進的眼光，由外向內探索自我潛藏的天賦，成長是一輩子的事情，差別只是在於，你有沒有展開自我探索。

選擇積極面對，不忽略每個讓自己更好的可能！

二〇二一年五月，我通過碩士班口試，順利拿到公關廣告學的碩士文憑。

還記得當初進修碩士班目的，只是很單純地想要提升自己的視野和實力，沒想到在我和前男友分手、如行屍走肉般的那段日子，「上課」竟然成爲我生活最大的支柱。

那陣子我每天都去上課，除了原本要修的課程，還特別問了老師所有的課表，有時一天上兩堂一模一樣的課，有時是博士班、有時是碩士班、有時是學士班，老師居然都能保持同樣的熱忱和教學品質。記得有一次，心緒不知道飄到哪去，依稀聽到老師說：「上課偶爾不專心也是正常的，反正大家記得回神的時候，好好聽課就好。」我很感謝老師對我的耐心與包容，我在世新也改變了很多，應該說唸書改變了自己的人生，不僅是學習「學習的方法」，更多的是改變生活和心態！會思考、也會批判性思考，解決問題，最重要的是懂得過自己想要的人生！

感謝我的指導教授蘇建州博士、邱淑華邱副校長，還有蔡念中老師替我的論文畫龍點睛。終於畫下碩士學習旅程的句點了！因為老師的教導，我會記住終身學習的重要！就是要一直進步！

祝福老師們 身體健康、平安喜樂！

It's worth a shot

積極生活的三種練習

每個人都有不如意的低潮時刻，每當我覺得自己遇到不順心的事情、或長期處在心情低落的時候，這三件事情可以讓我在最短的時間內，回復活力！

❶ 作息規律

首先，你可以給自己制定一個規律的作息表，這個作息表依據自己的狀況，不一定要做得很密集，但一定要嚴格執行，例如：

- 每天十一點睡覺，六點起床。
- 每週一、三運動，一次三十分鐘。
- 每天給自己三十分鐘完全放空的時間。
- 每個月看一到三本書（或電影）。

規律的生活，也是給自己一種每天的目標，不要小看它的力量，許多優秀的運動員或企業家，都是從一點一滴的規律習慣，累積成巨大的成就，即使我們並沒有想成爲什麼了不起的人物，但至少養成規律生活，能讓我們身體健康，並且有更積極的生活態度。

❷ 學習

當生活走到低潮的時候，有兩件事是最能幫助我忘記不愉快的心情，那就是「學習」和「做公益」。因爲當我全心在做這些事情時，就無法分心去想不愉快的事情；等到忙完回頭，那種充實自己和幫助別人的滿足感，似乎能讓不愉快的心情減少許多。

關於學習，如果經常學到一半就覺得無聊不想繼續，或者，對學習總是提不起興致，或許可以多方嘗試，一定會找到一個、能喚起你內心積極能量的事物。

我堅信，學習可以讓思維持續成長進步，也能讓YoYo過得更好。

③運動

美國波士頓麻省總醫院曾做過一份運動與憂鬱症的研究，結果顯示，每天跑步十五分鐘或步行一小時，可以有效減少百分之二十六的重度憂鬱症風險。事實上，運動對人體情緒的正向影響，幾乎是衆所皆知的常識，但很多人不知道，要眞正對人體發揮影響，必須是持續一段時間、規律而重複的運動習慣，特別是有氧運動更有效果，因爲我們會爲了讓呼吸和動作協調，將專注力放在自己的身體上，讓腦袋暫時忘記對外界的煩惱，而回到自己身上。運動，是一件能同時讓自己變得健康、並感到快樂的事情，如果短時間你沒辦法讓自己生活規律或學習，那麼，定期的運動，絕對是你一定要做的事喔！

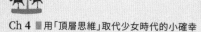

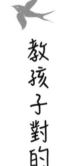

教孩子對的金錢觀

在我很小的時候，就因爲父親從事廣告業的關係，有機會學著賣舊雜誌，五元、十元地賺錢；小學時還會透過抽抽樂遊戲、找管道收購熱門漫畫賺錢做生意。一般人的觀念可能是，「錢是要靠你付出努力去賺來的！」而我從小就覺得「付出努力可以賺到錢！」兩者的差別在於，我知道自己的能力可以幫助我賺到錢，雖然當時我對金錢並沒有很大的需求，但賺錢對我來說，已經是一種樂趣和自我肯定的事情，影響我未來對於工作與付出，是更正向、積極的態度。

年紀漸長之後，我發現自己雖然很懂得如何讓錢進來，但「把錢留住」這件事情，我必須承認自己並沒有做得很好。單身的時候，總是大手大腳享受人生，直到YoYo出現在我生命中，我才警覺在賺錢花錢之餘，存錢也是非常重要的環節。因此在金錢分配上，我不僅調整我自己的態度，也在教育YoYo的過程中，讓她學習「認識金錢」、「如何賺錢」、「如何用錢」，我希望她擁有我善於賺錢的能力，也要知道如何爲自己累積財富。

認識金錢

在認識金錢方面，孩子一般都是從父母購物結帳時，了解到他們想要的東西，是必須用金錢換來的。當YoYo越來越大，我會藉機告訴她，因爲姐姐很辛苦在這邊幫忙大家結帳、叔叔阿姨在這邊工作準備東西給我們，所以我們要付錢給他們當薪水……或許一開始都是懵懵懂懂地聽著，久而久之她就會知道，買東西付錢的意義，也知道媽媽能夠有錢買東西，也是透過「工作」的方式去換來。

如何賺錢

對於小小孩來說，賺錢的意義就是讓他們了解，自己付出的勞力能夠獲得某種程度的收穫，對於四歲的小孩，我把這個觀念簡化成：幫媽媽或外婆搥搥背、幫忙整理客廳、排鞋櫃的鞋子……這些事情，就可以拿到或許五元十元不等的「薪水」，當她感覺自己可以幫大人的忙時，總是會露出滿足的成就感，存下來的零錢，則是讓她看見，自己透過努力得到的收穫。

如何用錢

我家的玄關處放著一個小豬撲滿，我會不定時將錢包內的零錢投入，當YoYo對這個撲滿產生興趣時，我便藉機告訴她，這叫「存錢」。我教她存錢，但並非是傳統觀念中的「錢不能隨意花，要存起來以備不時之需」，我希望她能明白，錢的用處有很多種，就看我們如何使用它。像她這樣的小小年紀，我暫時只能教她，先把沒有要用的錢存起來，以及可以捐錢幫助需要的人，未來還有金融投資、自我學習等等更深入的用法，我也會慢慢地讓她了解。

我認爲正確的金錢觀，應該是讓孩子了解花錢的技巧和理財方式，避免讓孩子陷入，錢賺越多越好、錢存越多越好的數字迷思中，因而忘記，錢只是一個讓我們生活更有品質的工具。

我是「無能的媽媽培養能幹的小孩」的支持者，我希望我的孩子擁有獨立的思想，自由自在的靈魂，我只要給她夠多的愛和陪伴，培養她未來自給自足的能力，依照自己的意思生活著，我想，這就是我能給她最好的禮物了。把自己照顧好，教她用釣竿，在一旁陪著她學習使用，然後告訴她：孩子，我不能陪妳一輩子，但沒有我，妳一樣可以活得很好。

如果我們對待周遭的人，都能抱持這樣的心態，或許也可以爲別人和自己消除很多情緒勒索－「讓自己過得好，付出不求回報」，有能力把自己照顧好，有餘力去幫助別人，在助人的當下，就已經滿足愉快，別人是否感謝或回應都不重要，這樣的生活眞的令人非常輕鬆。

小小撲滿 存錢歌

詞：馬尼
曲：張湘宜
演唱：Jenny Yu & YoYo

女兒：叮叮噹噹噹 叮叮噹噹噹
媽媽：小小的零錢放手上 許下大大的願望

女兒：叮叮噹噹噹 叮叮噹噹噹
媽媽：小小的撲滿大肚量 存下滿滿的希望

媽媽：存起來 存起來
女兒：每一塊
媽媽：好期待 好期待
女兒：未來
二人：錢乖乖 錢乖乖 別走開

媽媽：存起來 存起來
女兒：每一塊
媽媽：好期待 好期待
女兒：未來
二人：滿出來 滿出來 再打開

女兒：叮叮噹噹噹 叮叮噹噹噹
媽媽：小小的零錢放手上 許下大大的願望

女兒：叮叮噹噹噹 叮叮噹噹噹
媽媽：小小的撲滿大肚量 存下滿滿的希望

J語錄

關於教育

對孩子最大的包容是，
尊重他是個獨立個體；
給孩子最好的未來是，不把自己
的期許放在孩子身上。

It's worth a shot

推薦適合幼兒的理財書

❶ 動物商店街理財桌遊：給幼兒的十種錢幣計算遊戲

學研PLUS 著／三采出版

這是一本適合四到六歲兒童的理財桌遊，書中有各種模擬錢幣、商品卡，以及多種遊戲方式，有些遊戲對於沒有加減概念的孩子來說，可能會有些困難，但是可以讓孩子很快地感受，商品與金錢價值的連結。YoYo之前不理解找錢的概念，總是弄不懂爲什麼買東西付給老闆錢時，老闆還會再給我錢，直到透過這個桌遊，她能在遊戲中，明確感受到每樣物品不同的價值，以及每種錢幣代表的意義。我覺得非常有趣。

❷ 新井洋行商店街拉頁閱讀互動遊戲繪本：上街買東西

新井洋行 著／小熊出版

適合幼兒的遊戲繪本，拉頁式的遊戲設計，讓孩子非常興奮，每個商店的東西都有標價，我常常和孩子用這個、玩起另類的扮家家酒，有時還會有不同買東西的情境對話，在孩子建立金錢觀的同時，順便也訓練了創意跟想像力。

❸ 我的第一個小豬撲滿：跟著波波奇奇建立金錢觀的第一步

孟采・茱妮安Montse Junyent 著／水滴文化

這也是一個情境式的互動練習，同樣有錢幣面額，從中學習加減算術、以及物品價值與買賣的觀念。比較有趣的是，透過兩隻小老鼠想幫媽媽買生日禮物的開端，很容易吸引到孩子，一步步去了解賺錢與收入的關係，以及儲蓄與金錢的運用，孩子會覺得很好玩，想要一看再看。

付出能讓你一直保有能量

大多數人都知道，腦內啡是一種體內會自然產生的化學物質，它是天然的止痛藥和鎮定劑，除了大家所熟知的，可以透過運動、飲食甚至大笑，來刺激大腦產生腦內啡，進而幫助紓解壓力，抵抗憂鬱心情。國內著名預防醫學專家楊定一博士，也曾在文章中提到：「當我們因助人而獲得滿足感時，大腦會分泌令人愉悅與放鬆的『腦內啡（Endorphin）』，這是由『Endo（內在）』加上『Morphin（嗎啡）」……』。意思就是說，科學證實了，幫助別人的同時，大腦也會分泌出讓我們覺得開心的感受，這是一件利人又利己的事情，這也讓我明白了爲什麼，即使在我最沮喪低潮的時刻，只要我去做公益，無論是當志工或捐款，任何的不悅與無力感都會很快地消失，原來，這可是有科學根據的呢！

捐出第一筆錢的滿足感

小學時，老師曾在課堂上提到「羅慧夫顱顏基金會」，這是我第一次知道，世界上有一些不幸的人需要我們幫助，當下我幫爸爸賣雜誌、打工賺來的零用錢全部捐出去，那種分享自己能力去幫助別人的心情，讓我感到很滿足、很幸福。往後遇到路上有愛盲基金會的活動、路邊乞討的流浪漢，我總是很習慣地掏出口袋的零用錢給他們，那是一種很單純想要幫助別人的心情，長大後才知道這叫「做公益」。這個習慣，一直維持到我出社會工作，都不曾間斷過。

進入模特兒界後，有一次，一位攝影師邀請我參加老人院義剪活動，他的妻子是髮型設計師，每年都會固定聯合幾家美髮沙龍店，舉辦義剪活動。一開始，我因爲不曾爲人剪過頭髮，不敢貿然答應，攝影師朋友告訴我：「髮型師會發給我們工具，我們負責光頭組，那很簡單的，一學就會。」我便抱著有心助人不怕難的心情跟著出發了。剛開始眞的很緊張，不僅怕把人家髮型剪壞，更怕不小心弄傷頭皮，一整天下來，雖然因爲動作不熟悉，沒剪到多少人，但過程中與大家一起歡笑談天的氣氛，讓人非常愉快。院中的長輩們，也頻頻稱讚我們熱心正向，看著原本沒什麼精神的老人家，跟著我們一陣嬉鬧後變得神采飛揚，感覺這一趟眞的來得很有意義，而我也因此持續參加了六、七年的義剪活動。

也是因爲這個義剪活動，讓我知道，除了定期捐錢外，還能運用自己的勞力、甚至周邊資源做公益。回去之後，我也不定期會發起公益活動，號召身邊的朋友一起參加。因爲模特兒工作的關係，家裡堆著許多穿不到的衣服或配件，在我發起義賣活動時，朋友們都相當踴躍地報名參加，既能解決家中囤積的問題，又能幫助到別人，何樂而不為呢？

在奉獻中 讓自己內在能量倍增

在做公益的路上，陸陸續續也結交不少志同道合的朋友。有一位經營餐廳的朋友，在我知道他們經常免費供餐、給來台北讀書的原住民朋友時，我便自告奮勇去打雜幫忙；工作中偶然聽到一位媽媽，獨自帶著幾個孩子，物資缺乏，行動派的我一回去，立刻打包了許多小小孩用得到的衣物，請朋友開車載我送去給這位母親。當她滿懷感激、頻頻向我道謝時，我反而有點不知所措，我告訴她，我自己的孩子也都是撿別人的衣服穿，小孩長得快，衣服一下子就不能穿了，用不到的東西給需要的人，就是物品最好的歸宿，我希望她和孩子在收取這些幫助時，不要感到害羞或不好意思。

我總是能在單純的奉獻中，找到心理的滿足和寧靜，在YoYo漸漸長大後，我一直希望能有機會，讓她也感受到這樣的能量。去年朋友相約去一場陪伴老憨兒的活動，在我了解活動內容，是去陪他們唱歌、遊戲、贈送玩具，我覺得很適合讓孩子一同參加，便決定要將媽媽和女兒一起帶去。出發前我告訴YoYo：「我們今天要去帶著長輩們跳舞運動，讓他們心情愉快、身體更健康，這是很重要的任務喔！」那天，她加倍賣力地唱跳表演，可愛的模樣不只讓老憨兒們開懷大笑，在場的義工也紛紛讚美她的活潑大方，一整天忙碌下來，充實又溫暖。回家後，她頻頻問我，什麼時候可以再去表演？我並沒有特別跟YoYo說，這是什麼樣的活動，我希望她可以自己感受到，自己努力的付出、能帶給別人和自己愉快的滿足感，這就夠了。

有些人做公益做得很低調，但我是那種好事就要大聲說、用心做的人。去年一整年因爲疫情的關係，許多實體活動無法舉辦，但我還是持續透過自己的社群媒體或從扶輪社中，號召各種物資募捐。去年底，聽聞一群低收入戶媽媽有尿布需求，剛好那陣子我手上進了一筆款項，我便去和一家尿布廠商談好折扣贊助，買了一批尿布給媽媽們，幾個朋友在社群媒體上看到這件事，紛紛打電話來問我還需不需要幫忙，我想，這就是一種正向的驅動力量。有人問過我：

「妳一個人要帶小孩又要忙工作，怎麼還有時間和體力去做公益？」

答案是：「只要你有心，就一定能排出時間。」在任何時候，只要我們無私的付出，生命就會給予我們源源不絕的能量。

每次心情不好的時候，做公益就會完全忘記煩惱，今天帶領的老師說，有時候你的磁場會吸引相同磁場的人，他們都是你的療癒者。

有時候你以爲是你在幫助別人，但其實是對方在療癒你！

昨天和一位最近生活一片黑的好姐妹聊天吃飯，陪伴她開心。低潮的時候，若有一個理解妳的好朋友在身旁，就不會跌進黑洞裡，我在人生最痛苦的時期，也是好朋友們一一給我支持的能量。當我重新站起來後，才知道這一切不好的事情，都是讓我成長的養分，因此，我同樣希望也能夠給我愛的人，滿滿的正能量。所以，我對她說：「放心吧！有我在。」

重視儀式感

村上春樹說過：「儀式是一件很重要的事。它讓我們對在意的事情，心懷敬畏；讓我們對生活，更加銘記和珍惜。」對我而言，儀式感就是一種對這個人或這件事情特別重視的表現。當你對某個人、事、物特別重視的時候，你一定會想要對他有一個特別的、與眾不同的待遇。

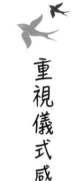

要的就是一份與眾不同的感覺

我是一個很重視儀式感的人：出門前一定要化妝，穿著打扮會針對不同場合作搭配，不只是自己愛美，也是對出席朋友的重視；每當談成重要生意，我會買個高單價的單品犒賞自己，感謝我自己的努力與付出。也因爲重視儀式感，所以我很懂得哄女孩開心。當朋友和男友吵架、甚至失戀時，我會帶她們去高級餐館大吃一頓，慶祝自己恢復單身，並且買來漂亮的花束當禮物，一頓大餐加一個禮物，對她們來說也許不算什麼，但那種被寵愛的滿足感，卻足以讓女孩忘記憂愁，重新振作。

朋友尚且如此，對我生命中最重要的YoYo，當然更與衆不同了。我已經爲三歲的YoYo辦過兩次生日宴會了，每一次從場地、設計布置、餐飲準備、賓客邀請到服裝打扮，都是我一個個精心安排的成果。小小年紀的她，或許只能感受到熱鬧愉快的氣氛，但我相信等她長大之後，看見照片中的她和我，一定能體會到，我對她的用心和滿滿的愛。現在，除了特殊節日外，每天在睡前給她一個溫暖的擁抱，也成爲我們之間最重要的儀式，無論當天發生了什麼好的、或不好的事情，我都希望這個擁抱，可以讓我們帶著幸福感進入夢鄉。

把你對家人的重視 也表現出來吧

談到儀式感，許多人會把重點放在男女朋友或夫妻之間的親密維繫，但其實，家人之間更需要儀式感，爲日復一日的生活增添色彩。熱戀的情侶開始交往時，會爲對方的生日或情人節、聖誕節等節日，精心準備禮物，其實這段時間，因爲有熱情的催化，不需要特別的節日，天天都可以跟對方過得浪漫甜蜜；但時間一久，熱情消失，當兩人成爲老夫老妻、像家人一般地生活著，「儀式感」就成了維繫彼此關係的重要關鍵。不只是情人，包括我們與身邊的家人朋友相處，一但有了儀式感，就能爲平淡的生活增加許多樂趣。這種儀式感包括：生日的時候一起上館子聚餐、晚餐時一起坐在餐桌上吃飯、睡前一個晚安吻……這種只有對某些人、在某個時候做的事情，能讓我們感受到，彼此在對方心中的重要性，是一種豐富心靈的溫暖能量。

假如，你厭倦了一成不變的生活，卻驅動不了安逸的自己前進，不妨先給自己建立一套有儀式感的生活，在每一個重要的時刻，加入關鍵儀式，提醒自己在此刻該有的生活態度。例如，買一支漂亮的牙刷，讓自己每天有一個愉快的刷牙時間，帶著清新的口氣，展開朝氣的一天；每天九點半時，給自己一杯熱咖啡，提醒自己準備專注工作；每次在便利商店結帳時，順手投入二十元在一旁的捐款箱內，告訴自己，我每天的努力不只爲了自己，更是要幫助那些需要的朋友。爲自己或在乎的人，建立一套專屬的儀式感吧！小小細微的習慣，能讓你發現，生活中一直被忽略的驚喜。

J語錄

關於生活

緊張時，幫你緩解焦慮，
難過時，安撫你的心，
爲你記住開心的時刻，
替你點亮平凡的一天，
給自己來點「儀式感」，
讓此時此刻，變得更與衆不同！

後記

本書撰寫及製作期間，我同時在籌備並成立了「中華鳳凰展翅關懷協會」，並獲得第57屆廣播金鐘獎！感謝一路上陪伴我與協助我的家人和夥伴，也感謝一直努力的我自己，把單身媽媽的日子活得如此精采！

國家圖書館出版品預行編目(CIP)資料

單親 教我活出自己的樣子/Jenny Yu著. --
初版. -- 臺北市：大大國際, 2023.5
面； 公分
ISBN 978-626-96665-2-2(平裝)

1.CST: 自我肯定 2.CST: 自我實現 3.CST:
女性

177.2 112000239

單親 教我活出自己的樣子

作　　者：Jenny Yu 珍妮游
主　　編：莊宜慐
校　　對：nike Wu
美術設計：Sarah
數 位 部：吳重光、林玉娟
出版總監：林千肅

出 版 社：大大創意有限公司
出版中心：大大國際
地　　址：台北市中正區鎮江街5-1號7樓
粉絲專頁：https://www.facebook.com/DADA.Creativity

經 銷 商：采舍國際有限公司
地　　址：新北市中和區中山路二段366巷10號3樓
電　　話：02-82458786 (代表號)
傳　　眞：02-82458718
網　　址：http://www.silkbook.com 新絲路網路書店

初版一刷：2023年5月
定　　價：請參考封面